San Juan, Puerto Rico

ISBN 978 0 578 89790 5

Página web: www.lauraterue l.com
www.facebook.com/lauraeteruel
Instagram: @lteruelcoach
YouTube: Laura Teruel
LinkedIn: Laura Teruel
Correo electrónico: info@lauraterue l.com
Tel.: (787) 373-9175

Mentora en autopublicación: Anita Paniagua
www.anitapaniagua.com

Edición y corrección: Mariangely Núñez Fidalgo
arbola.editores@gmail.com

Diseño gráfico y portada: Amanda Jusino
www.amandajusino.com

Fotografía de la autora: Nomar Rivera-Resto
www.nomarproductions.com

Todos los nombres de las personas mencionadas han sido cambiados para proteger su identidad.

Laura Teruel

Método ISAR®

Los 4 puntos cardinales para soltar amarras y navegar suavemente ante los cambios

Dedicatoria

A mis maestros, mis hijos Fabián Xavier y Emilio Andrés, quienes cada día me inspiran a seguir aprendiendo y aplicar lo que me apasiona: mucho de lo que comparto aquí.

A mi esposo Javier, quien siempre confía en mis ideas y aporta muchas más.

A mi hermana Laira Eimé, que me impulsa a alcanzarlas con su apoyo incondicional.

A mis suegros Anitín y Alberto (E. P. D.), quienes me acogieron como hija desde el primer día.

A mis padres Lisinia Rita y Edwin Iván, quienes me dieron mucho amor, momentos felices, experiencias inolvidables y la vida.

Tabla de contenido

Anclada en la gratitud

Agradezco a Dios y al Universo cada una de mis vivencias; los momentos felices que disfruto y los retos de los que aprendo.

Gracias a mi familia –la cercana y la extendida– y a mis amigos, por su apoyo continuo; en especial a mi esposo Javier y mi hermana Laira, quienes continuamente buscaban proveerme el espacio y el ánimo para que, junto a las responsabilidades cotidianas y los imprevistos, continuara escribiendo y pudiese lograr este anhelado deseo en el tiempo propuesto. A Mari y Saúl, cuyas experiencias y lecciones me apoyaron mucho durante esta travesía.

Gracias a mis poderosas amigas y amigos por el tiempo y la confianza; con quienes he aprendido muchísimo a través de nuestras conversaciones, mentorías y encuentros a lo largo de nuestra vida. Particularmente, a Charlotte, Mayra, Melba y Miralba, quienes fueron mis primeras clientas y a Cibelis, cómplice de aventuras. Ustedes reafirman la importancia de contar con una red de apoyo. Gracias por alentarme a publicar. Finalmente, lo decidí y dejé de postergar uno de mis sueños.

A mi mentora Anita Panigua y a su maravilloso equipo de trabajo, Mariangely Núñez-Fidalgo (qué mucho disfruté nuestras sesiones) y Amanda Jusino, quienes atentamente me escucharon, me acompañaron, reorganizaron y dieron vida al fluir de mis ideas.

A mis mentores, amigos y colegas, Rafael Calbet, Angel De Jesús y Eneida Sierra, quienes «isaron» sus velas y muy amablemente me concedieron el honor de redactar la presentación de mi libro.

A Arlene y Noél, quienes continuamente me preguntaban cuándo publicaría mi libro y me brindaban seguimiento, apoyo e inspiración.

A esos ángeles que aparecieron en diversas etapas de mi vida en forma de jefes, compañeros de trabajo, empleados y vecinos.

A mis respetados colegas y clientes fabulosos, de quienes continuamente aprendo... sin ellos no existiría este libro.

Y a ti, por tu curiosidad y por sacar un espacio para navegar estas páginas.

¡Mares de agradecimiento!

Laura Teruel

Un viaje fabuloso al interior

Luego de completar la lectura de este libro, creado por Laura Teruel, sentimos que hemos hecho un viaje fabuloso a nuestro interior. Es un libro de fácil lectura, ameno, transformador y práctico en sus enfoques y metodologías. Laura logra comunicar, en forma sencilla y amena el contenido a través de historias verídicas de su vida personal y profesional. Es rico en técnicas, ejercicios poderosos, anécdotas y herramientas que llevan al lector a reflexionar sobre su vida personal, sus fortalezas y recursos internos y a explorar posibilidades de una vida más balanceada en lo personal y profesional.

El libro es una invitación al lector a utilizar el Método ISAR®️ para generar cambios personales profundos conducentes al logro de un estado de vida más rico y balanceado. Dicho método lleva de la mano al lector a lograr ese objetivo.

En síntesis, es un libro transformador que recomendamos altamente por su valía y la sabiduría y practicabilidad que destila su contenido. Gracias, Laura, por compartir lo mejor de ti con nosotros y tus lectores. ¡Enhorabuena!

Ángel L. De Jesús,
mentor y autor de Brilla, Gerencia de talento,
5 estrategias para lograr tu visión de futuro,
Eneida Sierra,
«coach» profesional certificada (PCC)

Desafiar el horizonte

Una de las muchas cosas que los seres humanos podemos aprender en tiempos difíciles es que, aunque no somos omnipotentes, sí podemos ser muy poderosos si aprendemos a enfocar nuestra energía en lo que sí podemos gestionar.

Este libro de Laura Teruel nos habla del poder. Del poder que sí tenemos, pero no siempre sabemos *isar*, perdón, usar.

En muchos casos, la gran causa del sufrimiento humano tiene que ver con eso, con gastar inútilmente nuestras energías en pretender cambiar o controlar lo que no depende de nosotros. Efectivamente, los seres humanos no tenemos poder sobre lo que hagan los demás o lo que depende de la naturaleza. Podemos tener, a lo sumo, cierto grado de influencia sobre ello, pero esa influencia será mayor cuando hayamos trabajado bien con nosotros mismos, nuestros pensamientos, nuestras emociones y nuestras acciones. Ese y, no otro, es nuestro poder: un poder inmenso, frecuentemente malgastado o infrautilizado.

Otra forma inútil de gastar nuestra energía es pretender controlar la realidad. La realidad es la que es. Solo podemos aprender a gestionarla. Y digo «solo» con toda la intención de reivindicar el poder del gestionar. «Hubiera» y «Debería» son los nombres de mundos ficticios. No existen. Y quienes pasan demasiado tiempo de sus vidas en esos mundos ilusorios, no pueden dirigir su energía a gestionar la realidad, lo que sí existe de verdad.

Sin embargo, cuando nos enfocamos en nosotros mismos, empezamos a ser gestores de realidad; empezamos a conectar con nuestro verdadero poder. La buena noticia es que, independientemente de las torpezas que hayamos cometido en la vida hasta ahora, todos tenemos oportunidad, posibilidad y motivo para caminar hacia eso que llamo el «Bienvivir» y que es el núcleo central de todo mi trabajo.

Todo empieza cuando nos damos cuenta de que el camino de la transformación es un camino que va hacia dentro, es introspección. Es darnos cuenta y hacernos cargo de lo que sí podemos hacer para estar mejor con nosotros, con los demás y con el mundo que nos rodea.

Los seres humanos somos seres sintientes que pensamos. Todo empieza con comprender, aceptar y gestionar nuestras emociones.

Las que inician siempre un proceso de transformación son emociones de malestar, insatisfacción o rechazo. Pero cuando se combinan con la decisión, nuestro motor de cambio se pone en marcha, iniciando el camino para llegar a las emociones tan anheladas y perseguidas como la paz, la serenidad, la aceptación, la esperanza, la confianza.

El secreto no está en el camino, sino en nuestra forma de caminar. En el viaje de la vida, todas las emociones son legítimas. No las podemos controlar. Las sentimos cuando aparecen, queramos o no. Pero sí podemos decidir qué pensamos y que hacemos a partir de reconocerlas. Por eso, unas emociones son funcionales y otras disfuncionales, no por lo que son, sino por lo que hacemos con ellas:

Las emociones son como el agua: solo se pudren cuando se estancan.

En efecto, cuando vivimos atrapados por emociones poco funcionales, nuestros pensamientos también lo son:

- No merezco
- La culpa es de...
- Soy víctima de mis circunstancias...

Y así, nuestra capacidad de acción se limita o se anula por completo. De ahí deriva el inmenso poder de reconocer nuestras emociones. Nos permiten gozar intensamente los buenos momentos y los regalos que la vida nos da; y gestionar de forma más operativa los malos momentos, que llegan a nuestra vida sin que los pidamos y sin que los podamos evitar.

Aprender a vivir gestionando realidad, nos permite ser ambiciosos en el mejor sentido de la palabra:

> La ambición saludable no vive para alcanzar logros,
> sino para perseguirlos.
> Por eso, el sano ambicioso
> nunca está conforme, pero sí satisfecho.

Todos los seres humanos vivimos siempre en tres planos existenciales simultáneamente. Necesitamos sobrevivir, vivir y convivir. Es importante comprender que las emociones que nos permiten sobrevivir, no necesariamente nos van a ayudar a vivir y a convivir de manera saludable. Hay que aprender a sostener las que nos siguen sirviendo y a soltar las que ya no nos resultan útiles.

La transformación de los seres humanos adultos es un proceso complejo, y lo complejo es lo contrario de lo simple. Pero, con el método adecuado, lo podemos hacer sencillo.

Esa es la gran virtud del método que nos propone Laura Teruel en este libro: hacer sencillo lo complejo. De una forma clara, comprensible, nos va guiando hacia un proceso de transformación de nuestro estar en el mundo. Con pasos sencillos, pero muy claros, de manera que el proceso no se nos atragante. Paso a paso, hasta aprender a caminar por la vida de forma muy diferente a la que veníamos haciéndolo antes; con menos prisa, pero con más gozo y mucho, mucho más poder.

Quizás para algunos lectores no sea suficiente con la lectura del libro y los pasos aquí propuestos. Pero, al final, y así lo comenta Laura, comprendemos dos ideas fundamentales:

- Que solos no podemos, ni ser felices ni lograrlo todo.
- Que una gran muestra de coraje y valentía es saber pedir ayuda y consuelo cuando lo necesitamos.

Personalmente, no conozco a nadie que haga todo bien del primer intento. Somos aprendices permanentes, que es lo que nos permite siempre lograr la excelencia, que consiste en ser mejores que ayer, sin competir con nadie para ello. Hoy, la gran lección que aprendemos es que lo relevante no es ser el mejor *del* mundo, sino ser el mejor *para* el mundo. Y para ello, es esencial, aprender a vivir estando bien con nosotros mismos. No lo vamos a conseguir siempre, ninguno de nosotros, pero es un buen motivo por el que vale la pena vivir.

Gracias, Laura, por poner lo tuyo con este libro, para que otros avancen en lo suyo. Por regalarnos este método que puede ser de una gran utilidad, al menos para quien tome la decisión de querer ayudarse a sí mismo. Y gracias, por supuesto, por otorgarme el honor de prologar tu libro.

Rafael Calbet
«coach» y escritor
autor de los libros *Maestros o aprendices*,
Creatividad para vivir y *Desafiando tus límites*

El bolígrafo del lamento

Como cada miércoles a las 6:30 p. m. y de manera puntual —excepto por una de ellas que siempre llegaba corriendo 15 o 20 minutos tarde— las cuatro amigas se reunían a conversar en su restaurante favorito. Su dinámica era muy interesante, pues en lugar de simplemente pasarla bien y dejar a un lado las situaciones personales y estresantes de la semana o, quizás, sentarse a quejarse del mundo y sus circunstancias, ellas habían adoptado un ritual con el que comenzaban todos sus encuentros semanales. Le llamaban El bolígrafo del lamento. Cada semana una diferente comenzaba el ritual. A quien le tocara el primer turno, tomaba un bolígrafo de su cartera, lo acercaba a su boca como si fuera a entonar una melodía con un micrófono y ventilaba por dos minutos todas las situaciones que le habían causado estrés esa semana. Cuando finalizaba el tiempo, le pasaba «el micrófono» a la amiga de al lado, lista a repetir la misma dinámica.

«Por más que lo intento no me da el tiempo», «Necesito un día de cuarenta horas», «Tanto que me esfuerzo y mi trabajo nunca es valorado», «Siento que ya es tiempo de hacer otra cosa, pero no sé qué», «Puedo hacer mucho más», «Me sigue j*%&#@, necesito hacer algo al respecto», «Quisiera tener más tiempo para mí», «Estoy extenuada», «No me acabo de pegar en la lotería», «Por más que lo intento, no logro ser consistente», «Estoy harta de hacer lo mismo todos los días, quiero un cambio»... Todas estas eran algunas de las frases con las que comenzaban el ritual semanal y luego cada una contaba sus experiencias. Una vez habían expresado sus quejas y sus lamentos, comentaban y recibían apoyo de las otras por quince minutos. A partir de ahí, no había espacio para más quejas y lamentos. Se enfocaban en disfrutar, compartir y pasarla bien.

Esta aparentaba ser una buena manera de manejar el estrés y las situaciones personales. Expresaban sus emociones, tenían una red de apoyo, se sentían escuchadas, validadas y continuaban con sus vidas. Pero, luego de expresarse y validarse, nada cambiaba en sus entornos. No lograban lo que deseaban, manejaban los retos diarios de la misma manera por lo que obtenían los mismos resultados y seguían viviendo en el ajoro, haciendo lo mismo en piloto automático con estrés o ansiedad, sin aplicar estrategias para cambiar su situación, semana tras semana. Parecía ser que todas deseaban un cambio, pero nada pasaba.

Como «coach» de vida y de negocios, esto lo veo con bastante frecuencia en mis clientes, participantes de talleres y charlas inspiradoras, sin importar su nivel de educación, profesión o estatus económico. Algunos me expresan que desean emprender un nuevo proyecto laboral o personal o hacer un cambio en sus vidas, pero a pesar de tener los recursos y las capacidades disponibles, se sienten estancados y no saben por qué. Otros cuentan que saben lo que quieren y tienen la inspiración, pero no saben cómo empezar. También están los que no saben lo que quieren, pero desean algo diferente. Muchos comentan que desean contar con nuevas herramientas para manejar los retos diarios, la ansiedad y el estrés de la sociedad actual. Quizás algo de esto te pasa a ti también. ¿Te identificas?, ¿con cuál?

¿Qué tal si comparto contigo un método que podría brindarte herramientas para manejar estos retos y que te ayude a cambiar algo que deseas? El propósito de este método es apoyarte a lograr un cambio o una transformación en tu vida. El cambio es sacar algo y sustituirlo por otra cosa. La transformación toma lo que ya existe para hacer algo nuevo o distinto con ello. Tanto si deseas cambiar algo o transformarte, te invito a conocer este método.

El Método ISAR®, el cual te detallo en este libro, es mi propio método de transformación que desarrollé basado en mi experiencia personal y profesional con una diversidad de clientes.

¿Qué beneficios te puede brindar? Este método ha apoyado a muchos individuos a autodescubrirse, detenerse, salir del piloto automático, manejar mejor sus emociones, crear nuevos hábitos, entre muchas otras cosas, y quisiera que también pueda apoyarte a ti. El método abarca los Cuatro Puntos Cardinales para manejar y sostener cambios y transformaciones.

Primer Punto Cardinal - *Identifica tu llave y tu puente*. Te apoya a tomar consciencia, en otras palabras, a conocerte mejor e identificar tus recursos y fortalezas.

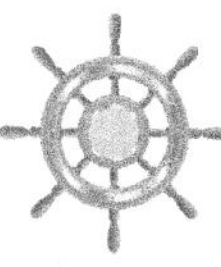

Segundo Punto Cardinal - *Sal del piloto automático*. Te apoya a apreciar nuevas maneras de ver el mundo y romper con las creencias y los obstáculos que te limitan.

Tercer Punto Cardinal - *Aplica la técnica del semáforo* para manejar las emociones de manera que puedas enfocarte en lo que deseas y moverte.

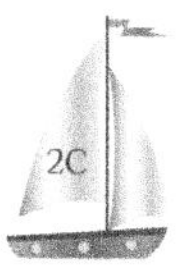

Cuarto Punto Cardinal - *Recuerda las 2C* para todo proceso de cambio: el compromiso y la constancia. Se enfoca en la disciplina, pieza angular para tener éxito en cualquier cambio o transformación.

Método ISAR®: Mapa de navegación

I

Identifica tu llave y tu puente
(Toma de consciencia)
¿Qué te abre posibilidades?
¿Qué te conecta contigo?

R

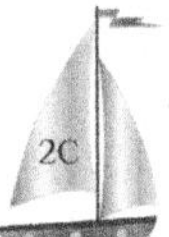

Recuerda las 2C
de todo proceso de cambio
(Disciplina y hábitos)
¿Cómo puedes mantener
tu **compromiso**?
¿Qué necesitas para
ejercer **constancia**?

S

Sal del piloto
automático
(Nueva mirada,
retar creencias)
¿Qué puedes comenzar
a hacer diferente?
¿Cómo puedes empezar?

Aplica la técnica del semáforo
(Manejo de emociones)
Detente
Conecta
Transforma

A

En el acrónimo **ISAR®**, la **I** significa **Identifica**, la **S**, **Sal**, la **A**, **Aplica** y la **R**, **Recuerda**. Así como izar las velas de un velero, lo ayuda a moverse y desplazarse sobre el agua, te invito a ISAR tu espíritu aventurero para moverte hacia lo que tú realmente deseas, tanto a nivel personal como profesional, en el gran océano de la vida.

Aunque expongo los **Cuatro Puntos Cardinales** de manera individual para obtener una mayor comprensión de estos, lo ideal es que los leas todos en el orden sugerido, sin saltar partes para que puedas ir trabajando paso por paso y al final obtengas mejores resultados. Una vez termines, busca una herramienta que te proveo al final: **Tu mapa del tesoro interno**. Su propósito es ayudarte a aclarar en dónde te encuentras tú en relación con el cambio. Dependiendo de lo que contestes en cada una de las cuatro premisas, descubrirás con qué símbolo te identificas y, por ende, cuál punto cardinal pudieras repasar para que te apoye en tu situación particular.

Te sugiero sacar un espacio en tu ocupada agenda para leer y conectar contigo, practicar los ejercicios y contestar las preguntas de reflexión que proveo en cada punto cardinal. Te apoyarán a descubrir aspectos de ti que quizás conocías, pero no te habías detenido a pensar sobre ellos y cómo impactan tu manera de pensar y actuar, y que tal vez retrasan o limitan tu proceso de cambio. Es mi intención que puedas obtener mayor bienestar y productividad. Así que ¡a izar velas y navegar con ISAR®!

Recuerda siempre: Detente. Conecta... y Transforma.

Mucho éxito,

Laura Teruel

Primer Punto Cardinal

Identifica tu llave y tu puente

¡Prepara las velas y activa tu cambio!

Por lo general, cuando identificamos que queremos adquirir o cambiar algo, lo primero que hacemos es buscar información al respecto, conocer más sobre eso que queremos conseguir para contestarnos lo siguiente: ¿Es esto lo que satisface lo que estoy buscando?, ¿qué otra cosa o aspecto necesitaría?, ¿cumplirá con lo que quiero? Por ejemplo, cuando buscaste tu primera casa o vehículo de motor, el primer cuido o la escuela para tu primogénito, el veterinario para tu mascota, un médico especialista para ti o un ser querido, o un socio para un proyecto comercial, ¿cuántas llamadas hiciste?, ¿cuántas búsquedas realizaste en internet?, ¿cuántos lugares visitaste?, ¿a cuántas personas preguntaste?

Para tomar la mejor decisión en cualquiera de los escenarios anteriores, fue necesario explorar, buscar suficiente información, conocer mejor las posibles alternativas que te ayudarían a resolver tu situación. **Al contar con mayores datos, tenemos mayor número de opciones, por lo que ampliamos nuestro marco de referencia y podemos ver cosas que quizás antes no veíamos.** A esto, en la disciplina del «coaching», lo conocemos como *ampliar nuestro abanico de posibilidades*. Al ampliarlo, podemos elegir quedarnos con lo que nos resuelva nuestra situación (lo que nos aporta) y descartar lo que no nos resuelve (no nos ayuda).

¿Cuántas veces nos ha pasado que mientras conversamos con alguien, descubrimos algo de nosotros de lo cuál no éramos conscientes? Quizás no sabíamos que contábamos con una habilidad en particular y es cuando necesitamos ponerla en acción que nos percatamos de ella. ¿Te ha pasado?

Recuerdo aquella vez que estaba acompañando a una amiga en un proceso de «coaching». Ella siempre insistía en que no era creativa. Me contó en varias ocasiones que cada vez que había que realizar o crear un proyecto en la organización en la que laboraba, se asignaban tareas de búsqueda o entrada de datos «data entry» con tal de no involucrarse en nada creativo. No fue hasta que tuvo que ayudar a su hija con los proyectos en el jardín de infantes (pues no había el escape de hacer «data entry»), que tuvo que enfrentar sus creencias y sus miedos y descubrió que sí era muy creativa. Desde ese momento comenzó a escapar del «data entry» y empezó a participar de los procesos creativos de la organización, obtuvo la admiración de sus compañeros de trabajo y, claro está, satisfacción personal.

Estoy segura de que posees conocimiento sobre muchas cosas, pero ¿cuánto conoces acerca de ti mismo?, ¿comprendes o estás al tanto de todas las capacidades que posees para lograr tus metas o lo que anhelas?, ¿eres consciente de a qué le temes y qué evitas?, ¿sabes con qué recursos cuentas y cuáles necesitas para facilitar tu proceso de cambio o transformación?

Lamentablemente, muchos de nosotros nos conocemos muy poco, pues no nos enseñan a explorarnos lo suficiente. Contrario a lo que hacemos cuando queremos o necesitamos adquirir algo, como describí en los ejemplos del principio, no sacamos el tiempo o no tenemos la completa disposición para dedicarnos a nosotros mismos y conocernos mejor. (Tú sí la tienes pues estás leyendo este libro). Esto podría deberse a: «falta de tiempo», desconocimiento o creencias limitantes a nivel consciente o inconsciente, como por ejemplo: «No me merezco sacar tiempo para mí», «Yo puedo esperar», «Hay asuntos más importantes», «No quiero ser egoísta, si los demás están bien, yo estoy bien», «No sé hacer eso», «Los que buscan ayuda están mal», «Yo no necesito ayuda», «Nadie me tiene que decir lo que yo tengo que hacer»... ¿En alguna ocasión te has dicho o has escuchado a alguien decir algo parecido?

Algunas personas se limitan a maximizar su potencial para lograr cosas nuevas y maravillosas en sus vidas. Solo al conocerte mejor, al tomar consciencia de qué te gusta, qué te agrada, qué te incomoda, cómo interpretas lo que te pasa y lo que pasa a tu alrededor, qué te dices (tu diálogo interno), qué deseas cambiar y para qué, entre otras cosas, podrás identificar los recursos, las capacidades y, sobre todo, las emociones que te ayudarán a moverte en la dirección que buscas; del lugar donde te encuentras hacia el lugar que deseas.

¿Qué te parece?, ¿te interesa hacer algo diferente por tu bienestar personal o profesional? Si tu respuesta es sí, comencemos con el Primer Punto Cardinal del Método ISAR®.

Primer Punto Cardinal: Identifica tu llave y tu puente

¿Qué hace una llave? «Una llave abre puertas». Esa es la respuesta común que recibo en la mayoría de los talleres que ofrezco cuando presento el Método ISAR®. Luego de que escucho las respuestas de los participantes y sus impresiones, comparto mi percepción sobre lo que hace una llave. **Para mí una llave ABRE POSIBILIDADES** y ese es el enfoque que quiero mostrarte en este punto cardinal. Según el Diccionario de la lengua española de la Real Academia Española, la llave es:

1. Un instrumento, comúnmente metálico, que, introducido en una cerradura, permite activar el mecanismo que la abre y la cierra.
2. Un medio que facilita el conocimiento de algo.
3. Un resorte o medio para quitar los estorbos o dificultades que se oponen a la consecución de un fin.

Al considerar las tres definiciones, podríamos destacar que **la llave abre posibilidades, porque activa, facilita y quita dificultades.** Esos son precisamente los puntos que me interesa brindarte.

Si conoces cuál es tu llave, puedes:

1. Activar unos recursos o capacidades que quizás aún no sabes que posees, o que sí conoces muy bien, pero aún no los has explotado para llevarlos a otro nivel.
2. Facilitar procesos personales que te apoyarán a ver las cosas desde otro punto de vista o con mayor claridad.
3. Remover obstáculos que atrasan o estorban en tu travesía al cambio o a la transformación que buscas. (Esta es la más que me encanta).

Abriendo posibilidades

¿Cómo puedes abrir posibilidades? La herramienta principal que utilizamos en «coaching» es la formulación de preguntas. Pero no usamos cualquier pregunta, utilizamos preguntas particulares que algunos llaman preguntas poderosas y otros, transformadoras. Estas preguntas ayudan al cliente o la persona que esté participando de un proceso de «coaching» a abrir espacios de reflexión, que le permiten explorar su realidad interior. Aquí comparto algunas de ellas para que puedas guiarte en el proceso de explorarte y conocerte.

Puede que ese viaje a tu interior sea fuerte o represente un reto para ti, podría incomodarte, despertar tus miedos o enfrentarte a situaciones del pasado que quisieras dejar guardadas. Si por la razón que sea, lo has evitado por muchos años, te invito a que te brindes esta oportunidad, ya que visitar tu interior es la manera en que dejarás florecer todo ese potencial que llevas dentro. También tomarás consciencia de lo que te limita y te empodera y eso te apoyará enormemente en tu cambio o transformación. Además, descubrirás muchas cosas como, por ejemplo, por qué haces lo que haces. No te juzgues, ni te castigues. Muchas preguntas te sonarán simples o sencillas, pero apuesto a que, por esa misma razón, nunca te has detenido a contestarlas. Anímate, por algo se empieza. No le temas, te acompaño.

¿Qué preguntas puedes hacerte para abrir posibilidades?

Para comenzar a identificar tu llave podrías preguntarte lo siguiente para cada uno de los tres aspectos:

Activar recursos: el querer

- ¿Realmente quieres cambiar o transformar algo en tu vida personal o profesional?
- ¿Quieres cambiar o deseas querer cambiar?

El **querer** es primordial para todo proceso de cambio y, sobre todo, el deseo de cambio debe salir de ti. Si realmente no quieres cambiar, no habrá especialista, libro, profesional, gurú o médico chino que te haga hacerlo.

Por otro lado, si quieres cambiar porque alguien te lo pidió o para complacer a fulanito o fulanita, o porque el jefe te lo exige, lo más probable es que no obtendrás realmente el efecto o resultado que buscas, ya que, como imagino que has escuchado muchísimas veces «nadie cambia a nadie». Hay un refrán local muy conocido en Puerto Rico que dice: «Puedes llevar el caballo al río, pero no puedes hacer que beba agua».

Podrías cambiar por un tiempo para complacer a otras personas, pero a largo plazo, todo volverá a ser como era antes. Cuando tengas el deseo genuino de cambiar por ti mismo, tu propósito es lo que te ayudará cuando sientas deseos de rendirte. Los demás pueden opinar, brindarte consejos y recursos, pero si tú, en pleno dominio de tu juicio y tus capacidades, quieres quedarte en tu zona conocida, permanecerás operando desde ese lugar. Es una zona conocida, no una zona cómoda o «comfort zone» como le llaman, pues realmente escogemos quedarnos igual no porque estemos cómodos, sino porque es lo conocido por nosotros. Peter Senge, considerado uno de los gurús de «management», expone lo siguiente: «La gente no se resiste a cambiar, se resiste a ser cambiada». Tú y solo tú, decides si quieres cambiar, cuándo y cómo. Como dicen en mi barrio: «La bola está en tu cancha».

Una vez has tomado la decisión de que realmente quieres cambiar, te invito a que reflexiones sobre las siguientes preguntas. Léelas todas y contesta de tres a cinco de ellas en el espacio provisto **Navega hacia adentro**.

1. ¿Qué me gustaría cambiar de mí?
2. ¿Qué me gustaría transformar en mí?
3. ¿Qué me gusta hacer en mi tiempo libre?
4. ¿Qué es lo que más me gusta de lo que hago en mi tiempo libre?
5. ¿Qué me apasiona?
6. ¿Qué me provoca miedo?
7. ¿Qué tres cualidades positivas o fortalezas poseo?
8. ¿Qué tres aspectos puedo mejorar?
9. ¿Con qué tipo de personas me gusta compartir?
10. ¿Qué cualidades poseen las personas con las que disfruto compartir?, ¿cuál de esas cualidades yo poseo?
11. ¿Qué tipo de personas evito?

12. ¿Qué característica en común tienen las personas a las cuales evito?
13. ¿A quién admiro?, ¿por qué?

Navega hacia adentro

Facilitar procesos: el «para qué»

En «coaching», en lugar de enfocarnos en el *por qué*, por qué hicimos o dejamos de hacer tal cosa, utilizamos el «para qué». Mientras el *por qué* podría parecer negativo o limitante en términos generales, pues implica juicio o culpa, «¿por qué hiciste eso?», el «para qué» te brinda la oportunidad de percibirlo como un aprendizaje. ¿Cuál te suena mejor a ti si te pregunto: *¿Por qué escribiste este mensaje?* versus *¿Para qué escribiste este mensaje?* La primera pregunta tiene el enfoque en el individuo: «Tú lo hiciste, ¿por qué?»; el otro se dirige hacia la situación: «¿Qué buscabas cuando hiciste eso?». ¿Te sientes menos juzgado con el «para qué»? Si es así, esa es la intención. Si te sientes juzgado, lo más probable es que te limites a moverte, mientras que si lo percibes o interpretas como aprendizaje, te inspira a seguir adelante.

Desde que aprendí este concepto, lo aplico a diario con mis niños. Puedes ver sus gestos faciales y corporales cómo cambian cuando sustituyo el *por qué* por el «para qué». Cuando pregunto *por qué hicieron tal y cual cosa*, bajan sus cabezas, parecen sentirse incómodos y casi ni pueden expresarse. Sin embargo, al cuestionarles con «para qué» por la misma situación, mantienen sus cabezas firmes y pueden expresar más claramente sus puntos (aunque no sean válidos o correctos). Puedes aplicar lo mismo con tus empleados o compañeros de trabajo.

Cuando uno quiere lograr cambios, debe sentirse animado a lograrlo, no juzgado. El enfocarte en el «para qué» te abrirá las puertas para aclarar tu **propósito** y lograr el cambio que deseas y, por lo tanto, te apoyará a mantenerte enfocado. **Si en algún momento sientes debilidad, piensas que no puedes lograrlo o tienes deseos de rendirte, recuerda tu «para qué».** Este será la fuerza que te ayudará a continuar. Esto aplica en todo lo que te propongas realizar.

Así que, ¿para qué quieres lograr un cambio o transformación? Si no estás claro al respecto, no pasa nada. Te invito a detenerte y reflexionar. Toma tu tiempo. Como dice el refrán: *Roma no se construyó en un día.* **A veces queremos hacer cambios rápidos cuando llevamos años programando al cerebro para hacer cosas contrarias a las que realmente queremos.**

Este proceso, el de conocerte, como otros tantos buenos procesos toman su tiempo. ¿Cuánto tarda un tamarindo en dar frutos? Tarda mínimo diez años en crecer antes de dar frutos por primera vez. ¿Cuánto tarda el sol en asomarse en la madrugada? El sol toma tiempo en aparecer, si saliera de inmediato, muchos seres vivos, incluidos nosotros, moriríamos. Tú estás en un proceso que tomará su tiempo y eso también es importante recordarlo. **Las cosas no siempre son como queremos, muchas veces son mejores. Lo que sucede es que no nos damos cuenta al momento.** Estoy segura de que en algún momento de tu vida te pasó algo que no esperabas y te frustraste mucho. Sin embargo, con el tiempo te diste cuenta de que eso era lo mejor que te pudo haber pasado.

Ahora que ya tienes claro «para qué» quieres cambiar, te invito a contestar las siguientes interrogantes. Léelas todas y contesta tres en el espacio provisto **Navega hacia adentro**.

1. ¿En qué tengo experiencia?
2. ¿En qué me gustaría obtener experiencia?
3. ¿Qué tipo de apoyo y de quién creo que lo necesito?
4. ¿Con qué recursos cuento?
5. ¿Para qué quiero lograr esto?
6. ¿Qué propósito tiene lograr esto?
7. ¿Cómo contribuye lograr esto a mi bienestar personal, familiar y profesional?
8. ¿Qué cualidad me ha ayudado a lograr éxito en mi vida?

Navega hacia adentro

Quitar estorbos: las emociones

Si has llegado a este punto y te has detenido a contestar las preguntas, quizás tienes claro que quieres cambiar o transformar algo en tu vida y para qué quieres hacerlo. Luego de establecer esos dos criterios, qué y para qué, te presento la herramienta que te ayudará a moverte: **las emociones.**

La palabra emoción se origina del verbo en latín «emovere» cuyo significado es mover, trasladar, retirar. Sin embargo, te adelantaré que lo que realmente hace que un individuo se mueva en una dirección en particular es cómo se siente respecto a ella. **Si sientes que algo es positivo o que te brindará cosas buenas, te acercas. Si, por el contrario, te recuerda aspectos que no te agradan, buscarás alejarte o evadirla.**

En esta parte, trabajaremos con **eliminar los estorbos** que te impiden moverte hacia el cambio y, de la misma manera, ser consciente de las emociones que te apoyan a lograrlo.

Preguntas para eliminar estorbos. Léelas todas y escoge tres preguntas que desees contestar en el espacio provisto **Navega hacia adentro.**

1. ¿Qué tarea, trabajo o pasatiempo puedo hacer sin que me importe el tiempo que esté involucrado en ello?
2. Si tuviese todo el dinero, el tiempo, los recursos, los talentos, las capacidades que deseo, ¿cómo invertiría mi tiempo?, ¿qué haría?
3. ¿Qué pasaría si no logro lo que me propongo?, ¿qué haría diferente para intentarlo nuevamente?
4. ¿Qué necesito eliminar de mi vida para lograr lo que quiero?
5. ¿Cómo me sentiré cuando logre lo que deseo?

Navega hacia adentro

¿Cómo te fue contestando cada una de las preguntas?, ¿te fue fácil o fue desafiante?, ¿qué descubriste de ti?, ¿qué quisieras haber descubierto antes? (No te preocupes, que el momento es ahora).

Una vez hayas contestado las preguntas, escoge las respuestas que más resuenen contigo, que más te hayan ayudado a conocerte mejor y te apoyen a encontrar tu llave: eso que posees que te abre posibilidades, que te facilita tu travesía hacia el cambio que buscas.

Encuentra tu llave

Compartiré mi llave como ejemplo para apoyarte a encontrar la tuya. Te confieso, descubrirla no fue fácil. Me llevó mucho tiempo pensar, analizar, reflexionar y, sobre todo, sentir si esa era la llave que me ayudaría a lograr lo que me propusiera. Escribí, borré y volví a escribir hasta que surgió. Pero ¿sabes algo?, **ya no me pregunto si algo es fácil o difícil, aprendí a sencillamente preguntarme si es posible.**

Mi nombre es Laura Enid y mi llave es:

Yo soy muy optimista, me gusta compartir con personas enfocadas en seguir mejorando a nivel individual y en ayudar a otros, **realmente quiero** seguir transformándome como profesional y ser humano **para** impactar más vidas y **me sentiré** sumamente agradecida y feliz cada vez que lo logre.

Ejercicio: Mi llave

Ahora es tu turno.

Mi nombre es______________________________y mi llave es:
____

Yo soy____
____ y realmente
quiero____
para o porque ____
y me sentiré____
____ cuando lo logre.

Te invito a repasarla y modificarla como entiendas necesario hasta que te sientas a gusto con tu llave. Sácale una foto y llévala contigo en tu celular o escríbela en tu agenda o diario para que la recuerdes. Tu llave te abrirá posibilidades y te ayudará a mantenerte enfocado. Nuestro cerebro aprende con la repetición, con lo que ve y escucha constantemente. **¿Qué te repites, escuchas o ves continuamente?, ¿lo que te ayuda a lograr lo que quieres o lo que te atrasa o aleja de lo que deseas?**

Identifica tu puente

¿Qué hace un puente?

La gran mayoría de los participantes de talleres o clientes que han utilizado el Método ISAR® contesta que un puente conecta un punto a otro. Y esa es la función principal de un puente.

El diccionario también define el término como «una construcción para comunicar dos lados» y «persona, cosa material o inmaterial que sirve para poner en contacto o acercar dos cosas distintas».

Eso es precisamente lo que deseo destacar. Para trabajar en tu cambio te propongo que además de identificar tu llave, también identifiques **tu puente, algo que lleve a tu interior todo lo que estableciste que deseabas desde el exterior. ¿Cómo logras esto? Al conectar contigo.** Y, ¿cómo conectas contigo?

Te presento las siguientes preguntas que pueden ayudarte en este proceso. Léelas todas, selecciona tres o cinco y contéstalas en el espacio provisto **Navega hacia adentro.**

1. ¿Qué actividad te conecta contigo?
2. ¿Qué le trae paz/satisfacción/felicidad a tu mente?
3. ¿Cómo puedes desconectarte del mundo exterior?
4. ¿Qué emociones sientes al desconectarte?
5. ¿Qué pasatiempo o actividad te aleja del reloj?
6. ¿Qué lugar visitas o quisieras visitar cuando sientes agobio?
7. ¿Qué imagen viene a tu mente cuando piensas en desconectarte?

Navega hacia adentro

Eso que logra que te transportes, que te desconectes del mundo exterior, que no mires el reloj, que te trae serenidad o energía vital es tu puente a tu interior. Es lo que te ayudará o proveerá el mecanismo para centrarte y darte la seguridad de que ese cambio o transformación que deseas desde el exterior lo puedes lograr si lo crees, lo quieres y actúas sobre ello.

Mi puente definitivamente siempre ha sido la naturaleza y, en particular, la playa. Desde más joven y como universitaria, solía visitar la playa cada vez que sentía ansiedad o estaba sobrecargada de estudios o trabajo. No tenía ni que tocar el agua, con el hecho de estar en la orilla, ya sentía sus efectos en todo mi ser. Me relajaba y a la vez me energizaba. En aquel momento desconocía que lo que sucedía era que me desconectaba del ruido externo y conectaba conmigo. La playa era mi puente, me ayudaba a no pensar en nada y sí a disfrutar el momento. Y al disfrutar el momento presente, realmente estaba conmigo misma, no pensaba en lo que había dejado de hacer ni en lo que haría después.

Tal vez tu puente sea el campo, el bosque, la pesca, hacer «scrapbooking», la música, la fotografía, el dibujo, practicar golf, «surfing», tenis, «snorkeling» o algún otro deporte o pasatiempo que te conecte contigo y te haga olvidar lo demás, al menos por un rato.

Recuerdo una vez que tuve uno de esos días desafiantes en la oficina, cuando trabajaba en La Milla de Oro, un área de negocios muy concurrida de la ciudad. Coordiné con mi primo para darnos una escapadita como en los tiempos universitarios y, en lugar de estar metidos, como todos los mortales, en el tapón de las 5:00 p. m., estábamos recargándonos de iones negativos a la orilla del mar. Irónicamente, los iones negativos son los que nos hacen sentir mejor. El ir y venir de las olas, la brisa en mi rostro, el olor a sal, el sonido de los pájaros y las olas, el sol caliente, la arena áspera o suave, todas esas sensaciones aquietan mi mente y me alejan del ruido exterior. Desde ese lugar me transporto, permanezco presente en ese momento y siento que conecto conmigo, sin pensar, sin juzgar, sin cuestionar, solo confiando, sintiendo, deteniéndome y respirando conscientemente.

Recientemente, también comencé a utilizar como puente la meditación de atención o consciencia plena, «mindfulness», como se le conoce en inglés. Hacía años intentaba meditar sin lograrlo hasta que mi amiga, «mindful coach», colega y también cofundadora de nuestro proyecto Pausa Consciente, Cibelis Alonzo, me presentó esta práctica milenaria. Los orígenes del «mindfulness» datan de más de 2,500 años, aunque parece que se ha puesto de moda en las últimas décadas. El estar observándome sin juzgarme, en silencio, anclada en mi respiración y sin engancharme con los pensamientos –que sé que estarán ahí, simplemente me doy cuenta de ellos y regreso a mi respiración–, me conecta enormemente conmigo.

¿Y en tu caso?, ¿cuál es tu puente?

Ejercicio: Mi puente

Te exhorto a completar este ejercicio:

Mi nombre es: ______________________________

Mi puente es: ______________________________

____

____

____

____

La toma de consciencia

Una vez identificados tu llave y tu puente, has pasado por el proceso de toma de consciencia, de conocerte mejor. Este es el primer paso para comenzar cualquier cambio. Al realizar los ejercicios, tal vez te diste cuenta de algunos aspectos de ti que quizás no conocías o no les habías prestado atención. Ahora el ser consciente de ellos, te ayudará a dirigirte mejor hacia ese cambio que deseas.

Si es así, completaste el Primer Punto Cardinal, ¡preparaste las velas y activaste tu cambio! Y ahora, ¿cómo te mueves hacia el cambio?, ¿cómo usas tu llave para salir por la puerta de tu estado actual hacia el futuro prometedor que te espera?, ¿estás listo para soltar amarras, zarpar y comenzar a moverte?

Segundo Punto Cardinal

Sal del piloto automático

Zarpa y muévete al cambio

¿Te ha pasado alguna vez que llegas a un lugar sin ser consciente de ello? ¿O terminas una tarea rutinaria sin darte cuenta del proceso? Tal vez te hablan de un restaurante cerca de tu trabajo que lleva años establecido y nunca te habías dado cuenta de su existencia. O un compañero de trabajo te pregunta cómo completar una sección específica del reporte de gastos mensuales y no sabes cómo contestarle en ese momento, pues realmente nunca te habías detenido a pensarlo, solo llenas la misma información requerida, mes tras mes. O quizás luego de finalizar una discusión con tu hijo, te percatas de que le repetiste exactamente las mismas palabras que tanto odiabas que tus padres te dijeran a ti. ¿Te ha sucedido? Esto es sumamente común cuando vivimos en piloto automático. A menudo realizamos muchísimas cosas, en nuestra vida personal y profesional como: bañarnos, ejercitarnos o hasta escuchar y expresarnos, de manera automática, sin ser conscientes de ellas.

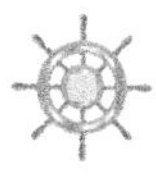

¿Y por qué no somos conscientes? No lo somos porque nuestra mente divaga continuamente entre dos tiempos: el pasado y el futuro. Mientras realizamos alguna acción en el presente como cepillarnos los dientes, comer, manejar o participar de una reunión, a la misma vez podemos estar pensando en lo que nos pasó ayer, en lo que nos dijo fulana o en lo que tenemos que hacer después. ¿Te suena familiar?

Segundo Punto Cardinal: Sal del piloto automático

Cuando desempeñamos tareas que ya dominamos (por acciones repetitivas), nuestro cuerpo activa la red de modo predeterminado (DMN, por sus siglas en inglés), la cual nos permite realizar tareas en piloto automático, una vez estamos familiarizados con ellas, según explica un estudio de la Universidad de Cambridge, en Reino Unido. Al mismo tiempo, seguimos generando pensamientos nada relacionados con la tarea que estamos realizando.

¿En qué piensas mientras manejas? O pudiera preguntarte, ¿en qué piensas mientras manejas, escuchas radio y hablas por celular? Cuando manejaste por primera vez, ¿te era posible realizar todas estas hazañas? No lo creo. Lo más probable es que estabas con tus dos manos al volante, con el radio apagado, totalmente concentrado en la carretera y solo pensabas en lo que acontecía en aquel momento presente, pues tu red de modo predeterminado aún no estaba operando.

En otro estudio sobre el DMN, realizado en el 2001, por la Escuela de Medicina de la Universidad de Washington, el investigador científico Deniz Vatansever indica: «Nuestra evidencia sugiere que la red de modo predeterminado es esencialmente como un piloto automático que nos ayuda a tomar decisiones rápidas cuando sabemos cuáles son las reglas del medio ambiente (...) sin tener que invertir mucho tiempo y energía en cada decisión».

El estar superocupados manejándonos en automático podría parecer favorable, pues podemos realizar múltiples acciones sin pensar activamente en ellas. Sin embargo, el estar siempre ocupados, el exceso de actividad y el ajetreo en el que vivimos tiene un alto costo para nuestra salud, nuestra productividad y para nuestra creatividad, según explica el científico estadounidense Andrew Smart, en su libro *El arte y la ciencia de no hacer nada.* De acuerdo con Smart, existe una zona del cerebro que únicamente se activa de manera automática cuando permanecemos en un absoluto reposo mental: la red de estado de reposo. «Esta red interviene en los momentos en que se deja vagar la mente o se sueña despierto», explica Smart. «Se activa cuando estamos tirados en el pasto en una tarde de sol, cuando cerramos los ojos o cuando miramos por la ventana mientras estamos en el trabajo». Más allá de relajarnos, cuando nos acostamos en la grama a mirar las nubes, nuestro cerebro activa unas áreas específicas las cuales nos ayudan a ser más creativos, productivos y gozar de mayor salud.

El continuar ocupados, ajetreados, moviéndonos y actuando de modo inconsciente tampoco nos permite disfrutar plenamente de muchas cosas que pasan a nuestro alrededor y, sobre todo, nos obstaculiza o atrasa nuestro proceso de cambio o transformación.

¿Cómo puedo cambiar si no soy consciente de lo que estoy haciendo al momento?, ¿cómo puedo hacerlo si no soy consciente de cuánto me alejo de lo que quiero, al pensar o actuar de X o Y manera? Más aún, ¿qué probabilidad tengo de cambiar si continúo repitiendo viejos patrones de pensamientos o comportamientos de manera automática? Es como el ratón que corre dentro de un cilindro constantemente. ¿Has visto esa imagen? Corre y corre, pero se mantiene en el mismo lugar. Así me sentí por mucho tiempo, hasta que circunstancias externas me obligaron a salirme del cilindro. Fue un gran reto para mí, pues confieso que en muchas ocasiones disfrutaba estar en ese ajoro. Me sentía muy productiva, útil y que el tiempo pasaba veloz... y, al día siguiente, repetía la historia.

Como gerente de una operación de 24 horas en el Aeropuerto Internacional, en San Juan, me pasaba corriendo en piloto automático, ajorada todo el día. Recibía y realizaba llamadas telefónicas constantemente, redactaba reportes, adiestraba empleados, visitaba clientes, atendía reuniones, planificaba y manejaba los imprevistos, en fin, todas las tareas que quizás conoces que se manejan cuando se trabaja con público y empleados.

Estaba feliz, pero extenuada, por lo que no tenía energías, ni sacaba tiempo –ya no digo que no tengo tiempo, pues todos tenemos las mismas 24 horas– para hablar con mis amigas, charlar un rato con los vecinos, ir al parque o compartir más tiempo con mi familia.

Durante el día, pocas fueron las veces en las que me detenía y me sentaba a almorzar. Y esto se lograba gracias a compañeros de trabajo, empleados y hasta jefes que me obligaban y me decían: «Laura, siéntate. Respira, una cosa a la vez. No arreglarás el mundo en un día. Te vas a enfermar». Yo les sonreía y los oía, pero no los escuchaba. ¿Te ha pasado algo así?, ¿conoces a alguien en una situación similar? Sabía que me lo decían con la mejor intención y, sobre todo, que tenían razón, pues, aunque no lo practicaba en esos momentos, siempre he leído sobre temas de bienestar, desarrollo personal y espiritualidad, mucho antes de certificarme como «coach» de vida y de negocios. No fue hasta que tuve que detenerme forzosamente y permanecer en cama durante dos meses, que me vi obligada a poner en práctica todo ese conocimiento que llevaba añejando tanto a nivel consciente como inconsciente.

En medio de tanto corre y corre, con solo dos meses de gestación, perdí a mi bebé, a quien llamaría Mauricio. El doctor me envió a descansar a mi hogar con licencia de maternidad. Fue muy fuerte, pues, además de perder al tan anhelado Mauricio, debía permanecer en mi cama, ¡¡¡sin hacer nada!!!, sin sentir el ajoro al cual estaba acondicionada, sin sentirme productiva. En mi vida personal tampoco me detenía. Durante mi poco tiempo libre disponible, siempre estaba ocupada, limpiando, organizando, lavando, escuchando audiolibros, viajando, en fin, manteniendo mi mente en mil cosas a la vez, en automático. Por cierto, muchos viajes, películas, fiestas y otras diversiones que experimenté en esa época fueron gracias a mi esposo, quien siempre me insistía en que saliéramos y durmiera luego. Por mí, hubiese estado viviendo para trabajar y dormir. Conozco mucha gente así, ¿y tú?, ¿conoces a alguien así?

Durante esos dos meses, tuve que ingeniármelas para no desesperar y no perder la cordura. Soy de las personas que todo lo ven positivo y siempre pienso que todo pasa por una razón, por eso no invertí mis energías en quejas ni lamentos: los *¿Por qué a mí?*, *¿por qué ahora?*, *¿qué hice mal?*, etcétera, todo lo contrario. Pensé que este era un segundo aviso para aprender a detenerme, a manejar mejor las situaciones de la vida, sin poner en riesgo mi salud y disfrutar lo que damos por sentado o las cosas que pasan desapercibidas. Meses antes había perdido otro bebé de semanas de gestación.

No quería perder un tercer bebé. Sí quería comenzar a aplicar lo que sabía que me ayudaría a salirme de la locura de lo automático y disfrutar todo lo que me estaba perdiendo por no pausar ni vivir en el presente. Entendí que necesitaba detenerme y realizar cambios no solo en mi comportamiento, sino también en mi manera de ver las cosas, en lo que creía como cierto (mis creencias), en cómo pensaba. Me tomó tiempo, pero tomé consciencia. **Estaba decidida a bajarme del cilindro.**

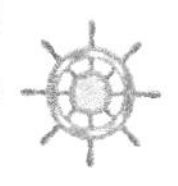

Durante esas semanas en cama, retomé un curso de meditación que mi madre había compartido conmigo hacía un tiempo. Como no tenía mucho más que hacer, me di a la tarea de completarlo y aplicarme la sabiduría de Albert Einstein: *para lograr cosas diferentes, debía hacer las cosas de manera distinta*. Se me hacía sumamente difícil manejar mis pensamientos, no pensar y enfocarme únicamente en una cosa. Hasta respirar conscientemente me daba dificultad. Sin embargo, lo repetí día tras día, como indicaban las instrucciones, hasta crear las conexiones neurológicas necesarias para comenzar a sentirme mejor, enfocarme en la respiración y querer hacerla otra vez.

Cuando pude salir de la cama, me fui a meditar al parque, en contacto con la naturaleza. Me sentí más relajada y renovada, tanto que separaba tiempo para esta actividad diariamente. En ese punto, ya mi cuerpo había creado las conexiones neurológicas para querer volver a experimentarla. Desde el parque, llamaba a mis amigas, almorzaba, disfrutaba la vista, hablaba con los vecinos, cosas que antes definitivamente no realizaba. **Paradójicamente, invertía una hora de mi tiempo, pero me sentía con más energía y productiva.**

Me tomó varios meses darme cuenta de todo lo que me estaba perdiendo al estar en este estado, pues casi toda mi vida había operado con el piloto automático, sin ser consciente de ello. Comencé a sentir los beneficios que me brindaba el detenerme y, en las conversaciones con mi psicóloga favorita, mi querida madre, comencé a contestarme varias preguntas sobre cómo deseaba vivir mi vida desde ese momento en adelante; qué quería hacer que no había hecho, con qué herramientas contaba, cómo deseaba servir a los demás, cómo me visualizaba en diez años... Empecé a buscar, a leer e investigar sobre cómo lograr cambios y transformaciones, los beneficios de la meditación, cómo ser más productivo, los mejores hábitos de la gente ocupada, cómo conectar con uno mismo para lograr lo que uno se propone, qué son las creencias y las expectativas, entre muchos otros temas.

En esa búsqueda, con el apoyo de mi red incondicional: mi esposo, mi madre, mi padre y hermana, me certifiqué como «coach» de vida y negocios. Durante todo ese proceso, aprendí varias herramientas y experimenté algunas de las estrategias que comparto en este Segundo Punto Cardinal. Mi manera de ver el mundo estaba cambiando.

El dolor versus la curiosidad

De acuerdo con el Dr. Humberto Maturana, (E. P. D.), destacado biólogo, filósofo y escritor chileno, las personas se mueven motivadas por dos aspectos: la curiosidad o el dolor. La mayoría de las personas que conozco, como fue mi caso, se mueve por el dolor: cuando se pierde algún puesto, a un ser querido, un trabajo, un reconocimiento, alguna posesión o porque se sufre agotamiento, un accidente, alguna enfermedad, aburrimiento o crisis existencial o laboral.

Aunque son menos los casos, he tenido el placer de trabajar con individuos que han hecho un cambio solo por aventurarse a experimentar algo distinto. No experimentaron dolor o pérdida. Han cambiado un trabajo que ya no les apasionaba, han comenzado negocios o se mudaron de país solo motivados por un deseo de cambio que les surgió sin verse en la necesidad u obligado a ello. Esto es lo que Maturana llamaría curiosidad.

Recuerdo una de mis primeras clientes. Mariana trabajaba para una compañía de arquitectura y deseaba renunciar para desarrollar su negocio en internet. Le iba bien en su puesto, recibía muy buena remuneración económica, tenía flexibilidad de tiempo, sus jefes la trataban bien y la admiraban muchísimo. A pesar de todas estas condiciones favorables, ella estaba decidida a renunciar y lanzarse a su aventura.

Tú también te podrías mover por curiosidad. No necesariamente tienes que estar pasando por una pérdida, dolor o enfermedad para que te veas obligado a salir del piloto automático. O quizás sí estás pasando por un dolor que te obliga a salir del piloto y a moverte en otra dirección, pues sigue hacia adelante... Llegaste al lugar indicado.

La metáfora del perro y el clavo

Había una vez un perro que estaba sentado encima de un clavo, se quejaba y se quejaba, pero no se movía de ese lugar. Un forastero que pasaba por el lugar le preguntó al dueño del perro si sabía por qué se quejaba. El dueño le dijo que se quejaba porque estaba encima de un clavo. El forastero de inmediato **le preguntó ¿por qué si le dolía, no se movía? El dueño del perro le respondió: «Porque le duele lo suficiente para quejarse, pero no para moverse».**

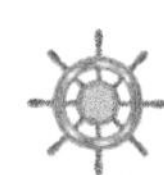

¿Qué te parece esta historia? ¿Aún no te duele lo suficiente para moverte o ya estás listo para dejar de quejarte y comenzar a moverte?

Te invito a contestar las siguientes preguntas para que puedas determinar si este es tu momento de salir del piloto automático.

Ejercicio: Identifica tu piloto automático

Lee todas aseveraciones y contesta sí o no.

	Sí	No
1. ¿Sientes que haces lo mismo día tras día, sin oportunidad para intentar cosas nuevas?		
2. ¿Llegas continuamente a tu destino sin saber cómo llegaste?		
3. ¿Sientes que reaccionas de forma automática ante situaciones de estrés y luego te arrepientes de tu comportamiento?		
4. ¿Te diriges a tu habitación y, a mitad de camino, no recuerdas para qué o qué ibas a buscar?		
5. ¿Te sientes cansado, de mal humor, desanimado o sobrecargado frecuentemente?		
6. ¿Deseas ser más consciente de las cosas a tu alrededor que pasan desapercibidas?		

Si obtienes más de 3 «Sí», entonces debes considerar si deseas salir del piloto automático. ¿Qué debes hacer?, ¿cómo empezar?

Comienza a salir del piloto automático

Lo primero que te invito es a buscar la puerta que te permitirá salir del piloto automático. Y ¿cuál es esa puerta? La puerta para salir es operar de manera consciente y, por ende, comenzar a pensar diferente. ¿Cómo se logra esto? **La clave está en las primeras dos palabras de mi historia de transformación que utilizo como mi *slogan* (lema): *Detente, conecta, transforma*.** 1. Decidir estar en el presente **(detente)** y 2. Adaptar nuevos patrones de comportamiento **(conecta).**

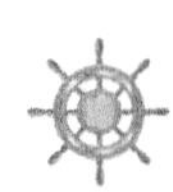

Para empezar a pensar diferente, necesitas dejar de hacer las cosas como usualmente las haces (curiosea), soltar el control (confía), experimentar sin juicio (arriésgate); desarrollar otras maneras de pensar (crea) y retar tus creencias (suelta).

1. Intenta cosas nuevas (curiosea)

Si continúas visitando el mismo restaurante o la misma cafetería, ¿cómo conocerás las delicias de otros establecimientos? Pregúntate: ¿Qué otro lugar puedo conocer hoy? o ¿qué puedo hacer diferente esta vez durante los días libres o la próxima vez que nos veamos? Una de las cosas que mi esposo y yo teníamos por costumbre cuando éramos novios era visitar un municipio diferente cada año durante nuestros cumpleaños. En vez de ir solamente a cenar o pasear para celebrar, escogíamos un pueblo de Puerto Rico y pasábamos el día conociendo los museos, el casco urbano y demás atracciones del lugar. Luego finalizábamos en un restaurante allí mismo, una forma de apoyar también a los nuestros. De esta manera, conocí aún más sobre Cayey, Juncos, Arecibo, Lares, Las Piedras y muchos más.

2. Abraza la incertidumbre (confía)

La incertidumbre o falta de certeza siempre está y estará entre nosotros, ¿por qué temerle o negarla? Porque, sencillamente, es lo que hemos aprendido y lo que nuestro cerebro fomenta. La sociedad nos enseña y perpetúa que debemos tener seguridad y control de todo antes de aventurarnos a lo desconocido, sea lo que sea. Y nuestra red cerebral necesita conservar energía para ayudarnos a sobrevivir, por lo que se mantiene en lo que domina y tiende a rechazar o buscar excusas sobre lo que no puede predecir. Por ejemplo, no sabrás si el plan de negocio o tu propuesta será aceptada sin antes someterla, si lloverá cuando vayas a correr, o si estarás vivo mañana. **No te tortures por querer tener el control de todas las circunstancias. Confía en que todo saldrá bien, que tú hiciste lo que tenías que hacer y suelta.** No es que no te dé miedo. Acéptalo: el miedo invariablemente estará, pero tú siempre espera lo mejor. Lo más seguro habrás escuchado las palabras del psiquiatra suizo Carl Gustav Jung en un sinnúmero de ocasiones: «Lo que resiste, persiste». Lo que intentas evitar, te sigue apareciendo en tu vida. Si le tienes miedo a algo y te lo sigues repitiendo, le sigues dando fuerza y energía a eso que no quieres enfrentar. Así que, dicho en palabras de Jim Selman, uno de los grandes referentes del «coaching» en Estados Unidos: «Abraza la incertidumbre». No la niegues, que te acompañe siempre y fluye, no pasa nada. **Cuando sueltas el control es cuando realmente lo tienes.**

3. Date permiso para experimentar sin juzgarte ni castigarte (arriésgate)

Jamás te juzgues, pues eso limitará tu crecimiento. Por ejemplo: «Es que yo siempre lo hago mal», «Es que nunca me queda bien», «Es que yo no soy bueno en eso». Si algo no te salió, no perdiste, al contrario, ganaste, aprendiste a cómo no hacerlo. ¿Cuántas veces hemos perdido oportunidades por no intentarlo? Por otro lado, tampoco te castigues. Un factor que motiva al cambio es la recompensa. Recompénsate por los logros alcanzados. Si lograste llevar una conversación sin interrumpir a tu pareja, elegir agua en lugar de alguna bebida carbonatada durante el almuerzo o caminar una milla extra de lo que usualmente caminas, da un paseo por el parque o saborea ese gustito que tanto te gusta. ¿De qué otra forma puedes recompensarte de manera sana y que no te aleje de tu meta?

4. Cambia tu mirada, ve las cosas de manera diferente (crea)
Una de las maneras de comenzar a ver las cosas diferente es *resignificar*, asignar un nuevo significado. En lugar de brindarle un significado negativo, le damos uno positivo. Tomemos el fracaso como ejemplo. ¿Qué es para ti el fracaso? Este término, por lo general, lo asociamos como algo negativo, sin embargo, desde que aprendí con la programación neurolingüística (PNL)[1] que el fracaso no existe, lo percibo todo de otra manera. Cada vez que algo no me sale como yo espero, lo veo como un aprendizaje. Esto me empodera a seguir intentando muchas veces lo que me propongo. Todos esos intentos no son fracasos, son lecciones.

Otro aspecto de la PNL que me ayuda enormemente a ver las cosas diferentes y que aplico en mi vida diaria son las palabras que utilizo, ya que todas tienen un efecto en cómo interpretamos las cosas. Ya no enfrento «problemas», sino «situaciones». Un asunto no es «difícil», más bien es «un reto». En lugar de decir: «No lo he logrado», digo: «Continúo trabajándolo». Todas estas aseveraciones son más positivas y abren la mente a posibilidades, en lugar de limitar y seguir viendo las cosas de la misma manera que me mantiene estancada en el mismo lugar físico o emocional. ¿Qué palabras usas a diario que podrías comenzar a sustituir?, ¿qué aspectos puedes resignificar?

5. Reta tus creencias (suelta)
Una creencia es aquello que das por cierto. Es lo que tú crees basado en tu experiencia, tus conocimientos, tus valores, tus gustos y lo aprendido en tu niñez a través de las figuras de autoridad: padres, familiares cercanos, líderes religiosos o comunitarios, maestros, políticos, medios de comunicación y todo aquel que de una manera u otra influyó en tu forma de pensar y actuar.

[1] Programación neurolingüística PNL, originada por Richard Bandler y John Grinder en los años 70, examina las pautas o «programaciones» creadas por la interacción entre el sistema nervioso (neuro) y las estructuras del lenguaje (lingüística), y su influencia sobre nuestros cuerpos y conductas.

Muchos de estos patrones, sobre todo los adquiridos durante la niñez, los llevamos grabados de manera inconsciente y los perpetuamos sin darnos cuenta. Por ejemplo, las creencias sobre el rol de la mujer o de la madre: *Si los niños comieron todo está bien, aunque mamá no haya comido*; sobre el dinero y la riqueza: *El dinero no crece en los árboles*; en cuanto a la crianza: *Si no me entiende, debo gritarle para que me entienda*. Una vez vivimos, experimentamos y tomamos consciencia, nos damos cuenta de que no necesariamente son ciertas, pero las adoptamos y las repetimos sin darnos cuenta.

Pensaba que, para ser productiva y eficiente, debía estar en movimiento todo el tiempo, que el detenerse, respirar y descansar era una pérdida de tiempo y que lo más eficiente era hacer muchas cosas a la vez, el famoso *multitasking*. ¡Qué equivocada estaba!

No solamente para tener salud y bienestar, sino para ser más productivo y eficiente, es vital detenerse y enfocarse en una sola cosa a la vez, ya que, según la neurociencia, el cerebro no está diseñado para la multitarea.

Me encantó un artículo sobre el *multitasking* de la prestigiosa revista *Forbes*, donde el profesor de neurociencia en el Instituto Picower de Aprendizaje y Memoria del MIT, Earl Miller, aseveró: «No trate de realizar varias tareas, arruina la productividad, provoca errores e impide el pensamiento creativo». En esa misma publicación, Cristina Sánchez, autora del artículo, recomienda evitar distraerse haciendo varias cosas a la vez y ofrece los siguientes consejos:

1. Focalizar la atención durante periodos de tiempo determinados.
2. Eliminar tantas distracciones como sea posible: guardar el teléfono, apagar el ordenador, el televisor y otros dispositivos.

3. Moverse.
4. Salir del entorno.

Según Sánchez, estas acciones nos ayudan a despejar la mente, aumentar el flujo sanguíneo y restaurar la concentración.

Para bajarme de mi piloto automático, además de hacer mucho de lo discutido, fue crucial que retara mis creencias, que tomara consciencia de ellas, que experimentara y me diera cuenta de que las cosas no eran necesariamente como yo creía o como me habían inculcado, que había otras maneras de realizar las cosas, las cuales estaban muy alineadas con lo que deseaba lograr.

Por ejemplo, creía que el meditar era para personas que tuviesen el tiempo disponible para ello o cierto nivel de consciencia. Con mi agenda tan ocupada, entendía que no tenía tiempo o, si lo hacía, estaría perdiéndolo. Actualmente, luego de darme la oportunidad de practicarla consistentemente, creo que la meditación *mindfulness* hace precisamente lo contrario, es una herramienta que me ha apoyado mucho a centrarme, a enfocarme y ha contribuido enormemente a mi productividad. En cuanto al tiempo invertido, lo recupero en mi manera de sentirme y de actuar. Ya no respondo molesta en automático cuando algo me incomoda. Ahora sé hacia dónde dirigir mi atención y mi enfoque cuando no tengo control de las circunstancias. No me juzgo y, por eso, no me castigo con mi diálogo interno, solo observo y me mantengo anclada en el momento presente a través de la respiración consciente.

Otra creencia muy fuerte que tuve que romper fue que, *si pensaba en mí primero, estaba siendo egoísta*. ¡Qué mucho nos enfatizan en que ayudemos y nos sacrifiquemos por el otro, antes de pensar en nosotros! Y sabemos que debe ser lo contrario porque *nadie puede dar lo que no tiene*; para poder ayudar a otro, primero tú debes estar bien. El mejor ejemplo es cuando en un avión te dan las instrucciones de seguridad antes de despegar, ¿quién debe colocarse la máscara de oxígeno primero en caso de una emergencia, antes de ayudar a los demás, incluso a los niños? Tú, ¿cierto?

¿Cuáles de tus creencias podrías comenzar a retar?, ¿cuáles te apoyan a lograr tu cambio y te empoderan?, ¿cuáles te limitan?

Decide estar en el presente: «Detente»

Si continúas montado en la rueda como el ratón, será un reto el conectarte contigo para lograr el cambio que buscas.

Respira conscientemente - Te invito a parar por unos minutos. Realmente no te perderás de nada, todo lo opuesto. Necesitas darle la instrucción al cerebro de que en esos momentos el enfoque eres tú. Piensa en ti, en para qué quieres lograr lo que te propones y cómo te sentirás al lograrlo. Visualízate logrando tu objetivo.

La respiración consciente es algo que te apoyará enormemente a salir del piloto automático, ya que crea un nuevo estado emocional. Se oxigenan mejor nuestras células y se generan hormonas y neurotransmisores que nos harán sentir mejor. Los neurotransmisores son componentes químicos que se encuentran en nuestro cerebro y se encargan de transmitir una información concreta de una neurona a otra. Cada neurotransmisor tiene una composición química distinta que les permite realizar una función específica en nuestro cerebro. Según indica el Dr. George Boeree, en su artículo *La relación entre neurotransmisores y emociones*, los neurotransmisores determinan el comportamiento humano, la percepción de nuestros sentidos y regulan las emociones. Además, la respiración es algo que te acompaña a todas partes, por lo que es una solución siempre a tu alcance.

Comparto algunas ideas para que puedas detenerte y practicar.

1. Respiración de un minuto
Podrías comenzar haciéndote consciente de tu respiración por un minuto. Separa un tiempo de tu agenda para ti. Coloca el cronómetro para que contabilice el tiempo. Simplemente dirige tu atención a tu respiración, a cómo entra el aire por tu nariz al inhalar y cómo sale al exhalar suavemente. Cada vez que te interrumpa un pensamiento, enfócate en tu respiración. Continúa realizando este ejercicio hasta que suene la alarma. Al terminar te sentirás mejor, pues habrás llevado mayor oxigenación a tu cuerpo. A medida que te sientas cómodo, puedes ir aumentando los minutos. Esta sensación de bienestar hará que tu cuerpo quiera regresar a ella y, poco a poco, con la repetición (debes practicar este ejercicio continuamente), podrás ir alejándote del piloto automático, pues estás conectando con el momento presente. Puedes ver una demostración en mi página web www.laurateruel.com/videos.

La respiración consciente es una de las maneras de conectar con el aquí y el ahora, una de las estrategias para escapar del modo inconsciente en que operamos en automático.

2. Enfoque visual
Busca un aspecto de la naturaleza que te agrade y obsérvalo detenidamente mientras respiras conscientemente. Sin juzgar, aprecia sus colores, su forma, sus detalles, sin entrar en el diálogo interior o interrogatorios de la mente. No pienses si es bonito, muy pequeño o grande, si le falta agua, o que te gustaría tener uno en tu casa. Únicamente conviértete en un observador de ese objeto. Permanece en este estado de observación y curiosidad sin juicio por unos minutos. Si tu mente comienza a divagar y piensa en otras cosas –lo que te pasará, pues eso es lo que la mente sabe hacer–, regresas nuevamente con cariño, sin juzgarte, a enfocarte en el objeto.

3. Enfoque auditivo

Cierra los ojos por unos minutos y presta atención a los sonidos a tu alrededor mientras respiras conscientemente. Entre todos los sonidos, enfócate en uno en particular sin juzgar. Centra tu atención en ese sonido por unos minutos. No importa si es agradable o no, enfócate simplemente en escuchar. De esta manera y con la repetición, estás entrenando a tu mente a enfocar su atención en lo que tú decidas, a pesar de las circunstancias externas.

4. Técnica 4-7-8

Para manejar la ansiedad, una de las técnicas más reconocida es la siguiente: inhala aire por la nariz por cuatro segundos, aguanta la respiración durante siete segundos y exhala el aire por la boca por ocho segundos. Repite esta secuencia hasta un máximo de cuatro veces. Esta técnica, también conocida como «respiración relajante», fue creada por el Dr. Andrew Weil, fundador y director del Centro de Medicina Integral de la Universidad de Arizona.

5. Respiración profunda

Puedes utilizar esta forma de respiración si tienes más tiempo o deseas relajarte para continuar con alguna tarea que te haya provocado algo de tensión. Toma una respiración lenta y profunda por la nariz desde el abdomen, en lugar del pecho. Haz una pausa y siente cómo sale lentamente el aire por la boca al exhalar. Repite tres veces. Puedes continuar con más repeticiones si deseas permanecer en este estado de quietud y calma por más tiempo.

Al principio quizás te parezca un reto, lo consideres innecesario, muy simple o una pérdida de tiempo, pero como todo nuevo proceso, requiere práctica. Con el tiempo, te sentirás mejor y tu salud te lo agradecerá. Date la oportunidad. Si quieres algo diferente, debes hacer algo diferente.

Nuevos patrones de comportamiento: «Conecta»

Conecta contigo - ¿Cuál era tu puente? Utiliza tu puente para conectar contigo y crear nuevos patrones de comportamiento. ¿Por casualidad es la playa, el campo o la naturaleza? Visita o visualízate en ese lugar o espacio que catalogas como tu puente para llegar a ti, sin limitaciones, en plena consciencia de que deseas lograr una transformación o un cambio.

Toma consciencia y actúa

Comparto unos patrones de comportamiento que me han ayudado, tanto a mí como a mis clientes, a salirnos del piloto automático, tomar consciencia del momento presente y manejar mejor las situaciones de estrés y ansiedad.

1. Cambia tu energía o vibración

¿Alguna vez te ha pasado que te sentías sumamente molesto o triste y algo sucedió de manera imprevista que te agradó y, como por arte de magia, te sentiste mejor? Eso suele suceder. Pudiste haber tenido un *mal día en el trabajo* y de momento pensaste en tus vacaciones o en la victoria de tu equipo favorito en el último partido, viste una foto o recibiste un mensaje de texto agradable y cambió tu estado anímico. En cuestión de segundos, nuestra química del cuerpo puede cambiar dependiendo de lo que pensemos sobre lo que nos sucede, de nuestra interpretación de la realidad. Nuestros pensamientos generan energía.

El artículo mencionado anteriormente, escrito por el Dr. George Boeree, explica en detalle la relación entre las emociones y los neurotransmisores del cerebro. Según el Dr. Boeree: «Aunque parezca increíble, la tristeza, la alegría, incluso los sentimientos como la nostalgia o el estado de enamoramiento nacen de la interacción de los distintos neurotransmisores de nuestro cerebro. Cada molécula, en su justa medida, es capaz de producirnos y regular una emoción u otra».

El doctor explica que poca serotonina lleva a la depresión, problemas con el control de la ira, el desorden obsesivo compulsivo y el suicidio. También lleva a un incremento del apetito por los carbohidratos (comidas ricas en almidón) y problemas con el sueño, lo cual también está asociado con la depresión y otros problemas emocionales. Por su parte, la dopamina está asociada con los mecanismos de recompensa en el cerebro.

Si nos sentimos a gusto porque pensamos en algo placentero, o nos dijeron algo que nos agradó, generaremos químicos como la serotonina o la dopamina que nos harán sentir bien, como cuando abrazamos a alguien o disfrutamos de algún pasatiempo. ¡Vibramos de alegría! La serotonina se aumenta al hacer ejercicios, tomar sol, tener contacto con la naturaleza, evitar el consumo del azúcar, café y bebidas estimulantes y con el manejo del estrés. Puedes estimular la dopamina al escuchar música, practicar la gratitud, establecer objetivos y lograrlos y mantener bajos los niveles de estrés.

Por el contrario, si pensamos algo negativo sobre alguna situación, nos sentimos en peligro o amenazados, generaremos unos neurotransmisores para enfrentar el hecho, que no necesariamente nos harán bien, como el cortisol o la adrenalina, los cuales activarán nuestra respuesta de pelea o huye. Lo más probable es que reaccionemos de una manera no adecuada. Ni el cortisol ni la adrenalina son perjudiciales, al contrario, cumplen su propósito de preparar al cuerpo para enfrentar lo que se avecina, solo en exceso pueden ser contraproducentes y esto es lo que sucede cuando vivimos en ansiedad y estrés continuos, los generamos en exceso. Si somos conscientes de que lo que pensamos y sentimos puede cambiar nuestro estado de ánimo y hacernos salir del piloto automático, actuemos para cambiar nuestra energía cuando lo necesitemos.

Para estos propósitos, al contestar cada una de las siguientes preguntas de reflexión, detente, imagina cada situación y experimenta todas las sensaciones: qué hueles, escuchas, ves, sientes.

Ejercicio: Cambia tu energía

Lee las tres preguntas, escoge una y contéstala en el espacio provisto **Navega hacia adentro**.

1. ¿Qué me hace sonreír?
2. ¿Cómo me siento cuando pienso en alguien que amo o admiro?
3. ¿Qué me hace sentir fuerte/exitoso/saludable/enérgico?

Navega hacia adentro

También identifica lo siguiente para que puedas mantenerte alerta y alejado de lo que no deseas. Lee las tres preguntas, escoge una y contéstala en el espacio provisto **Navega hacia adentro**.

1. ¿Qué me molesta?
2. ¿Qué drena mi energía?
3. ¿Qué aprieta mis botones (me hace sentir mal)?

Navega hacia adentro

Una vez identifiques lo que no deseas, mantente alejado de ello. Enfócate en lo que sí quieres sentir, hacer y conseguir.

2. Modifica tu percepción

La percepción es la forma en la que el cerebro detecta las sensaciones que recibe a través de los sentidos, para formar una impresión consciente de la realidad física de su entorno. En otras palabras, es cómo interpretamos los estímulos que captamos por la vista, el oído, el gusto, el olfato y el tacto para darle sentido a las cosas. De acuerdo a cómo interpretemos estos estímulos y a base de nuestras experiencias, conocimientos, creencias, valores, tipologías, temores, etcétera –lo que en programación neurolingüística (PNL) se conoce como nuestro «modelo del mundo»–, creamos nuestras propias percepciones de las cosas y de los hechos.

Explica el Dr. Melvin Ruiz Miranda, quiropráctico, profesor y *Master Trainer* de PNL, que las percepciones se convierten en filtros mediante los cuales procesamos todas nuestras experiencias. A su vez, estos filtros determinan a qué le prestamos atención, a qué no y cómo damos sentido a nuestra experiencia. Y como todos tenemos modelos de mundo diferentes, cada persona crea su propia percepción de lo que le sucede. Si deseas lograr cambios, debes ser consciente de que según percibas las cosas, los eventos y a qué le prestas atención tendrán un efecto en el resultado que buscas.

Hace unos años conversaba con Robert, un joven empresario que había tenido éxito en algunos negocios, pero nunca se sentía realizado. Luego de varias sesiones de «coaching», él me dijo que su padre, un exitoso hombre de negocios, con la mejor intención de que siempre aspirara a dar lo máximo de sí, le repetía continuamente: «Siempre puedes hacer algo mejor». Al escuchar su testimonio, de inmediato todo me tuvo sentido y se me ocurrió preguntarle: «Si fuera tu jefe y no tu padre, quien te dijera esas mismas palabras, ¿qué pensarías?, ¿cómo lo tomarías?». Sin detenerse a pensar en su respuesta, me respondió de inmediato: «Me enfadaría mucho, pues pensaría que, a pesar de mi sacrificio y esmero, no estaba satisfecho con mi trabajo». *Ahí está*, pensé. Y añadí: «¿Cómo comparas tu interpretación del mismo mensaje desde tu padre versus tu jefe?». «¡Wao, tienes razón!», comentó maravillado. «¡Me estoy limitando! Como mi padre me decía que siempre lo podía hacer mejor, nunca estoy satisfecho con mis esfuerzos; cuando me lo dice mi jefe, como sé que sí me he fajado para lograr lo que quiero, me molesto». Para Robert, esto fue un «Aha moment». Lo que hice fue dirigirlo a modificar su percepción del mismo hecho. Las mismas palabras, se pueden percibir de manera diferente y lograr un efecto totalmente adverso.

En otra ocasión, atendí a Claudia, una ejecutiva que tenía muchos retos de comunicación con su jefa. Sentía que su jefa la tenía con ella. ¿Te has sentido igual con tu jefe? Todo lo relacionado a su jefa lo percibía de manera negativa hasta que ella misma decidió cambiar su percepción. Para facilitar la comprensión del efecto de cambiar la percepción y lograr el resultado que buscamos, compartí con ella la ecuación que aprendí con el Dr. Ruiz Miranda y que utilizo muy a menudo.

La ecuación de la percepción: E + P = R (un **estímulo** más una **percepción** genera una **respuesta**).

Cada respuesta es el efecto de un estímulo «E» y la interpretación que le des a ese estímulo. Esa interpretación se conoce como percepción «P». La «E» es lo que recibes por alguno de tus sentidos (lo que viste, lo que escuchaste, lo que sentiste, etcétera). Cómo decidas interpretar ese estímulo, por ejemplo: «me gusta, no me gusta, estoy de acuerdo, no estoy de acuerdo»... va a afectar el resultado «R».

El estímulo «E» es la constante de la ecuación, no lo puedes cambiar. Sin embargo, sí puedes cambiar la variable «P», que es lo que percibes respecto al estímulo. Como en cualquier ecuación matemática, afectará el resultado «R» cada vez que se altere la variable. No tenemos control del estímulo que recibimos, pero si queremos obtener un resultado favorable –que espero que sea tu caso– debemos alterar la variable que sí podemos controlar: la «P», nuestra percepción respecto a lo que sucede. ¿Tiene sentido para ti?

Claudia comprendió que no podía controlar lo que ella veía o escuchaba de su jefa, pero si quería mantener una relación cordial, un «R» positivo, debía cambiar la manera de cómo percibía ella las cosas, la «P». Ella ahora decidía a qué prestarle atención y qué era favorable para ella.

O sea, sí tienes el control de salir del piloto automático y lograr cambios, si modificas cómo percibes las cosas. Por ejemplo, ¿verías el cierre de un negocio como un fracaso o como una oportunidad de empezar de nuevo?, ¿percibes la ruptura de una relación como algo negativo o como una ventana para ampliar tus horizontes?, ¿crees que vale la pena que salgas del piloto automático ya?

3. Enfoque positivo

Según estudios científicos, se estima que tenemos sobre 60 mil pensamientos diarios, de los cuales 94% se repiten y el 80% son negativos. Ya te conoces, déjalos pasar, no te enganches en los pensamientos. **El cerebro está alambrado para protegernos, para que sobrevivamos, no para que seamos felices, ni cumplamos nuestras metas; y para esto requiere usar energía.** Mientras nos mantenemos en piloto automático y operando desde la zona conocida, conservamos energía.

Sin embargo, para lograr cambios, ya hemos validado que no solo necesitamos hacer cosas distintas, sino pensar diferente, movernos de nuestra zona conocida, explorar, retar creencias y paradigmas. Todo esto consume mucha energía. Así que nos tomará esfuerzo convencer a esa voz interior o autosaboteadora que nos dice que no lo intentemos, que nos quedemos como estamos, que no podremos o no nos merecemos cambiar.

Cuando esa voz intente limitarte o te haga creer que no tienes los recursos, que es muy complicado o que no naciste para eso que quieres, utiliza la Ley de la Sustitución, cambia ese pensamiento por uno positivo. Esta es una de leyes mentales descritas por el ingeniero eléctrico Emmet Fox (uno de los escritores sobre espiritualidad más influyente de inicios del siglo XX), en su libro *Make Your Life Worthwhile*. Según Fox, la mente consciente solo se puede centrar en un pensamiento a la vez, sea positivo o negativo, no puede estar vacía, por lo que la única manera de librarse de un determinado pensamiento es sustituirlo por otro. Así que, para acercarte a tu cambio, revisa tus pensamientos.

¿Qué te dices frecuentemente?, ¿cómo te empoderas para seguir adelante a pesar de las circunstancias externas o de lo que tú mismo te crees? Toma consciencia del pensamiento paralizante o negativo, no te castigues, ni te juzgues, sustitúyelo por uno que te empodere o una afirmación de tu preferencia. Por ejemplo: «Claro que puedo hacerlo», «Estoy bien, todo está bien»[2], «Puedo, quiero y merezco hacerlo», «Tengo todos los recursos que necesito», «Me amo y me lo merezco». Crea tus propias afirmaciones o utiliza alguna relacionada a tu fe religiosa.

4. Agradece

En internet podrás encontrar muchísimos recursos que muestran los grandes beneficios que brinda el agradecer nuestro bienestar general, ya que regula nuestro estado emocional. Uno de estos recursos es el artículo titulado *Por qué la gratitud nos hace más felices según la neurociencia*, por Imma Juan. La autora detalla varios estudios que muestran que la gratitud, al transformar el cerebro, tiene el poder de crear un estado mental más positivo y feliz. Uno de ellos encontró que cuando sientes felicidad, el sistema nervioso se ve afectado. Eres más pacífico, menos reactivo y resistente.

[2] Louise Hay, *Usted puede sanar su vida*

Se ha comprobado que cuando eres consciente de las cosas que tienes o valoras, se activan químicos y neurotransmisores en el cerebro (serotonina, dopamina, oxitocina) que te hacen sentir mejor y te alejan de las sensaciones que no aportan a tu objetivo. Según los científicos, estos neurotransmisores combinados con otras hormonas mejoran la respuesta de tu sistema inmunológico, ayudan a manejar el estrés, disminuyen la presión arterial, aumentan la autoestima y generan mayor optimismo, felicidad y resiliencia, disminuyen la inseguridad, ayudan a dormir mejor, a sentirse menos solo o aislado, generan una mayor capacidad para ser generoso y compasivo y aumentan la concentración y la productividad.

El agradecer conscientemente se debe realizar de manera constante para obtener sus beneficios. Se utiliza mucho la técnica de generar consciencia sobre la gratitud incluso con personas que padecen de depresión. Los profesionales de la salud que les brindan apoyo, les solicitan que escriban, todas las mañanas o todas las noches, cinco cosas por las cuales están agradecidos. Le sugerí esta herramienta a mi mamá mientras se recuperaba de una caída que le provocó una fractura en su espalda. Diariamente le recordaba que escribiera cinco cosas por las cuales estaba agradecida ese día. Aunque percibí que la primera vez ella no le veía mucho sentido y lo hizo más bien para complacerme, cada día noté cómo su semblante cambiaba cada vez que realizaba la lista.

Cuando comienzas a tomar consciencia de las bendiciones, dones o beneficios que tienes en tu vida, desde lo más básico como estar con vida, tener alimento, amigos, buenos vecinos, compañeros de trabajo... comienzas a valorar otros elementos, a ver las cosas de manera diferente y a alejar las emociones negativas. Te das cuenta de que realmente no estás tan mal como creías.

Para comenzar a cultivar el hábito de la gratitud puedes hacer una lista diariamente de las cosas que agradeces –como le sugerí a mi madre– o escribir un diario de Gratitud, como el que tengo junto a mi mesa de noche, regalo de Cibelis, mi querida amiga, colega y cómplice de aventuras.

Una vez hayas adoptado la costumbre, puedes dar gracias cada vez que te acuerdes mentalmente, sin tener que escribirlo. ¿Cuán frecuente te detienes a agradecer por lo que tienes, por las cosas que te suceden, por lo que aprendes?, ¿por cuáles tres cosas puedes estar agradecido en este momento?

Ejercicio: Usa tu llave

Antes de finalizar, te presento unas preguntas que te ayudarán a reflexionar y usar tu llave para salir por la puerta y dejar atrás el piloto automático.

Te invito a contestarlas a diario por 21 días.

1. ¿Qué beneficio trae el detenerme?
2. ¿Qué he hecho hoy para salir del piloto automático y trabajar por el cambio o la transformación que deseo?
3. ¿Qué pude haber hecho?
4. ¿Qué haré la próxima vez?

Ejercicio: Sal del piloto automático

Una de las maneras más efectivas para comenzar a realizar cambios es escribir lo que deseas. De esta manera vamos dirigiendo y programando nuestra mente hacia esa meta. En este ejercicio, además de especificar lo que queremos, le añadimos el propósito para hacerlo y qué necesitamos para lograrlo. Comparto contigo un ejemplo de mis reflexiones para que te sirva de guía y puedas crear las tuyas. Especifico *cómo salgo* del piloto automático, *para qué* quiero salir de él e identifico *qué recursos* necesito.

Mi nombre es: Laura Teruel

Yo salgo de mi piloto automático al detenerme, respirar y conectar conmigo y con el momento presente. Quiero salir de él para tener más tranquilidad, poder enfocarme mejor en los cambios que deseo hacer y disfrutar las cosas que pasan desapercibidas. Para lograrlo, necesito darme cuenta cuando estoy cayendo en automático, seguir retando mis creencias y aplicar la ley de la sustitución cuando tenga pensamientos negativos o limitantes.

Ahora es tu turno:

Mi nombre es: ______________________________

Yo salgo de mi piloto automático______________________

____

____.

Quiero salir de él para/porque ___________________

____

____.

Para lograrlo necesito ___________________

____

____.

Nuevas maneras de ver el mundo

En esta parte soltaste amarras y ¡zarpaste! Rompiste con creencias que quizás ya no funcionan para ti, reconoces las que te empoderan e identificaste los obstáculos que te limitan. Ahora sabes cómo puedes pensar y actuar diferente, sin juzgarte, para lograr lo que te propones. Saliste de tu piloto automático y agarraste el timón de tu vida, ¡bien! Y ahora, ¿cómo manejas la avalancha de emociones en ese navegar hacia el cambio o la transformación que deseas? Sigue navegando...

Tercer Punto Cardinal

Aplica la técnica del semáforo

Corta las aguas y maneja tu cambio

Cuando me siento amenazada, asustada, enfurecida, deprimida, frustrada, paralizada, estancada o cualquier otra emoción que me limita en lo que deseo lograr o en mis procesos de cambio, uso la técnica del semáforo. La represento como un semáforo en los adiestramientos sobre Inteligencia Emocional para explicar visualmente el manejo apropiado de las emociones. También la utilizo con mis clientes que desean gestionar las suyas.

¡Eso fue precisamente lo que hice en varias ocasiones cuando escribía este libro para manejar la infinidad de emociones que me abrumaron durante el proceso! Siempre había querido escribir un libro. Además, desde niña me ha fascinado la redacción y la radio, escribo frecuentemente diversos artículos y estudié Comunicaciones, por lo que entendía que todo me fluiría sin mayores contratiempos, pero no fue así.

Recuerdo que, durante mi niñez, uno de mis mayores entretenimientos era escribir historias de aventuras y jugar con mi hermana a ser locutoras radiales. Usábamos dos radios portátiles *boombox*, uno para poner la música y otro para grabarnos. Leíamos las noticias del periódico, el horóscopo, los especiales, comentábamos sobre los mismos y tocábamos nuestras canciones favoritas. Una pena que no conservamos esos casetes. ¡Hermosos recuerdos!

Cuando me senté muy entusiasmada y confiada a escribir la introducción de lo que sería el libro sobre mi Método ISAR®, el cual he aplicado y compartido durante años, no me surgía ninguna idea, me quedé en blanco. ¿Cómo era posible? ¡Realmente deseaba hacerlo, sentía que estaba preparada, había separado el tiempo y contenido no me faltaba! Sin embargo, ¡me congelé! Mi cuerpo reaccionó con una de las respuestas fisiológicas automáticas, una de las 3F: *fight, flight or freeze* o lucha, huida o parálisis. Recordé esas pruebas en las que uno sabe las respuestas, pero no puede contestar.

«¿Qué me pasa?», me pregunté. En esos momentos mi diálogo interno comenzó a sabotearme: *Tú no tienes el tiempo para dedicarle a este proyecto ahora... tu familia te necesita... quizás debes esperar unos años como has esperado hasta ahora... puedes seguir adquiriendo más experiencia y conocimiento antes de escribir... ¿qué podrás decir nuevo que ya alguien no haya dicho?* Sentí terror, angustia, frustración, muchas emociones que no me estaban ayudando a continuar, sino todo lo contrario. Así que dejé la idea de escribir a un lado. Tomé un respiro. Lo dialogué con mi red de apoyo, incluyendo mi mentora, y días después decidí retomar mi proyecto. Con menos horas de sueño cada día y otros asuntos en pausa, estaba comprometida y decidida a que este sería el año en que lograría uno de mis sueños.

Tercer Punto Cardinal: Aplica la técnica del semáforo

Cuando te encuentras frente a una situación desafiante como una discusión con tu pareja, un altercado con un ser querido, una mala noticia, un mensaje del jefe por correo electrónico que te incomoda, una circunstancia que te aterra en tu negocio, un cambio de planes imprevisto o cualquier otro asunto que te provoca estrés, ¿cómo sueles reaccionar?, ¿peleas/ gritas, huyes/ evades o te congelas/no reaccionas?

Ismael Alejandro, amigo y abogado muy brillante, me preguntó cómo podía apoyarlo en una transición profesional y quedó atónito cuando conversamos sobre este tema. Se percató del millón de veces que, «debido a la naturaleza de su profesión», reaccionaba gritando, lo que le causaba muchos inconvenientes con sus colegas y, en ocasiones, con clientes. «¡Diantre!», me dijo sorprendido, «Siempre he estado en modo de pelea, aun fuera de los tribunales, quizás por eso permanezco soltero», bromeó.

No suelo pelear, pero cuando me siento amenazada o «en peligro» mi reacción por lo general es «huir o congelarme». Por ejemplo, en el trabajo muchas veces ignoraba los correos electrónicos que me molestaban, o que no deseaba atender de inmediato, «huía» en lugar de pelear como otros hacían. En algunas ocasiones, me quedaba congelada si me hacían preguntas durante ciertas auditorías, aunque supiera la respuesta correcta.

Son mínimas las ocasiones en las que «pelear» es mi primera respuesta. Siempre he sido de las personas que buscan la negociación y la armonía entre las partes. Quizás por eso desde mis comienzos en servicio al cliente, la inmensa mayoría de las veces, me encargaban a los clientes más complicados y las situaciones que nadie quería atender. Lo hacía con mucho gusto, pues buscar que ambas partes estuvieran atendidas y complacidas me llena de satisfacción.

Hubo una ocasión en que la gerente general de una empresa, donde trabajé por muchos años, me solicitó que me encargara de atender personalmente una situación muy delicada con un cliente que entregaba su auto alquilado para regresar a su país. El caballero de Sur América había visitado la Isla con su perro para participar en una competencia canina. Cuando terminó la competencia decidió pasear en el auto por el Viejo San Juan. Estacionó y dejó al enorme perro adentro por unos minutos, con las ventanas entreabiertas. No recuerdo si fue a tomar una foto o a saborear una típica piragua. Cuando regresó, encontró el interior del vehículo ensangrentado y el cuerpo sin vida de su compañero de viaje. Yo desconocía la razón para tan cruel acto, sin embargo, mi enfoque en aquel momento fue recibirlo solidariamente en el aeropuerto de la mejor manera posible, atenderlo, cerrar su contrato de alquiler y escucharlo entre sus llantos de dolor profundo y sufrimiento. Había viajado con su mejor amigo y regresaba solo.

Las 3F

Como mencioné, las 3F se refiere a «fight, flight or freeze», una respuesta fisiológica automática ante una situación que podría percibirse como un daño, ataque o amenaza a la supervivencia. En español se le conoce como respuesta «pelea o huye» o reacción de «lucha, huida o parálisis».

De acuerdo con el fisiólogo estadounidense, Walter Cannon, «fight-or-flight» es un mecanismo que se relaciona a una respuesta involuntaria para compensar un estrés en que la hormona adrenalina se secreta en la sangre para generar de inmediato una acción física. En momentos en que nuestra vida está en peligro, esta respuesta podría significar la diferencia entre la vida o la muerte, pues el sistema nervioso activa unos transmisores para que podamos pelear, huir o paralizarnos y así defendernos. Si nos tomamos tiempo en analizar y pensar, podríamos correr peligro. Por ejemplo, si tocas una estufa caliente, el instinto automático es alejar la mano (huir). En ese momento, no te detienes a pensar si debes quitar la mano o no. Si te sorprende un asaltante, lo más probable es que grites, huyas o te paralices y cedas ante sus peticiones para mantenerte a salvo.

¿Has sentido que comienzas a sudar o el corazón se te acelera cuando, en medio del tránsito vehicular, piensas que llegarás tarde al trabajo, a una cita médica o a recoger a los niños? ¿Se te hace difícil comer o sientes «el mono trepa'o» cuando debes terminar un reporte o se acerca una fecha límite para completar un proyecto y aún vas por las primeras páginas o no lo has comenzado? Si tu contestación es sí a alguna de estas preguntas, has activado tu mecanismo de defensa automático. Según Cannon, algunos de los cambios que ocurren en el cuerpo al activarse este mecanismo son: incremento del flujo sanguíneo hacia los músculos –por lo que la digestión y otras funciones se dificultan– y aumento en el ritmo cardíaco, la tensión muscular y la sudoración.

A pesar de que estas respuestas son vitales para salvarnos la vida, nos dificultan los procesos de cambio si permanecemos en ellas o no actuamos diferente luego de experimentarlas.

Es posible que en una situación X, reacciones con una de las F y en una situación Z, con otra. Por ejemplo, congelarte en el trabajo o ante ciertas personas y pelear en la casa o viceversa. Sin embargo, por lo general tendemos a operar desde una en particular.

¿Cuál de las 3F puedes identificar como tu reacción automática la mayor parte del tiempo?

Una vez identifiques y tomes consciencia de tu respuesta automática y entiendas la razón por la cual tu cuerpo reacciona de esa manera, te será más fácil trabajar con tus respuestas, actuar y, por ende, gestionar mejor tus emociones.

Nuestro cerebro percibe el cambio como una amenaza o un peligro, así que, cuando comenzamos a coquetear con la idea de cambiar, se activa nuestra voz interna y aparece el diálogo saboteador para insistirnos arduamente que nos quedemos igual, que no vale la pena intentar otras cosas. La mezcla de emociones contradictorias comienza a hacer festín: «Quiero, pero no debo», «Debo, pero no quiero», «Siento miedo», «Me emociona», «Me enfada»... Nos saboteamos pensando mil cosas: «¿Y si me va mal?», «¿Y si la familia no está de acuerdo?», «¿Qué dirá la gente?», «¿Cómo es posible que quiera cambiar de profesión, de pareja o comenzar mi negocio en este momento?», «¿Cómo se me ocurre comenzar a estudiar a estas alturas o hacer ejercicios ahora cuando nunca en mi vida me he ejercitado regularmente?».

Pensamientos y acciones de las 3F

Reaccionas en automático para defenderte cuando sientes que estás bajo amenaza o en peligro.

***Fight* o pelea** - Nuestro diálogo interno generalmente nos sabotea y nos sentimos víctimas de las circunstancias o frustrados porque nuestras expectativas no fueron cumplidas, lo que naturalmente nos enfurece.

> **Acción:** Peleamos, discutimos con vehemencia. Nos acordarnos de cosas que nos molestan (que quizás ni tengan relación con lo que nos pasó en esta ocasión). Peleamos por todo lo que vemos, nos incomoda o no salió como esperábamos.
>
> **Pensamientos:** «Es que siempre me pasa esto», «Tenía que ser a mí», «Si no lo hago yo, no queda bien»... Nos decimos estas u otras aseveraciones y nos las seguimos repitiendo durante un rato luego de que pasó el incidente. Esto mantiene la cólera encendida por más tiempo.

***Flight* o huída** - Cuando nos sentimos amenazados y no queremos manejar el asunto en ese momento.

> **Acción:** Le restamos importancia al problema y huímos. Ponemos excusas como la falta de tiempo o buscamos una distracción u otra cosa para hacer. Nuestro enfoque y energía se lo damos a otro asunto. Postergamos.
>
> **Pensamientos:** Nos autosaboteamos diciéndonos: «Ahora no tengo tiempo para eso», «Esto realmente no es prioridad», «No puedo ahora», «Es que esto otro debo hacerlo primero», cuando realmente si querías, podías planificar, establecer prioridades y sacar el tiempo necesario.

***Freeze* o paralizarnos** - Cuando nos sentimos tan amenazados que no podemos ni reaccionar: nuestra reacción es, precisamente, congelarnos. Este modo de pensar y reaccionar nos limita, ya que muchas veces podemos sí saber lo que queremos hacer o lo que debemos responder si nos preguntan algo, pero actuamos como si no lo fuera, lo que nos mantiene estancados y, por lo tanto, alejados de lo que debemos hacer.

Acciones: En ese instante, no podemos ni pensar. Sentimos tanto miedo o impotencia que no nos salen las ideas.

Pensamientos: Nos decimos: «No sé» (aunque sepamos), «Tengo la mente en blanco», «No sé por dónde empezar», «No me acuerdo».

Este autosabotaje es totalmente común. Sin embargo, tu caso es diferente: de ahora en adelante no permanecerás por mucho tiempo en una de las 3F porque eres consciente de que **quieres y puedes** hacer algo diferente.

Si ya lograste *activar tu cambio*, identificaste tu llave y tu puente, y sabes *cómo moverte*, tomar el timón y salir de tu piloto automático, el próximo punto cardinal es *manejar tu cambio*: aplicar la técnica del semáforo, la cual te ayudará a gestionar las emociones que te puedan abrumar en el proceso ante cualquier situación que represente un reto.

El momento perfecto

Todos tenemos retos. Si no es ahora, entonces, ¿cuándo? Siempre habrá razones, excusas, justificaciones, como queramos llamarles, para posponer lo que realmente queremos hacer. No existe el momento perfecto para lograr lo que deseas. Eso me lo repetía mucho Frances, mi madrina de confirmación, cada vez que me preguntaba cuándo planificaba tener hijos luego de varios años de estar casada. Le decía que sería luego, pues esperaba el momento perfecto, ya que estaba enfocada en mi desarrollo profesional y en terminar mi maestría para poder ofrecerle mejores recursos, junto a mi esposo, a nuestra futura familia. Ella me repetía: **«Recuerda que el momento perfecto para hacer todo lo que quisieras, no llegará; lo construyes mientras haces todo lo demás»**.

Mientras batallaba con todos estos pensamientos, clara de que el momento perfecto es ahora y decidida a continuar, necesitaba identificar cómo iba a manejar las emociones que harían su aparición nuevamente tan pronto comenzara a dedicar más tiempo a escribir y menos a mi rol de madre, hija y esposa. Me detuve y pensé: *¿Qué le diría a un cliente que esté pasando por una situación similar para poder gestionar sus emociones?, ¿cuál es mi herramienta predilecta?* Y así como expliqué en el Segundo Punto Cardinal, al detenerme, que es lo que he aprendido a hacer para aumentar mi creatividad y mi productividad, ¡ualá! ¡Llegó la luz y vi los colores rojo, amarillo y verde!

La técnica del semáforo

Cada vez que sientas que puedes perder el control, salirte de tu equilibrio, que reaccionarás con alguna de las 3F o que caerás en un estado emotivo que te alejará de lo que desees lograr y de tu enfoque de cambio: ¡Detente! Reflexiona. Muévete.

Sería ideal que pudieras analizar cómo lo que sientes interfiere con tu meta. Generalmente no es así de sencillo, por lo que te presento esta estrategia que me ha ayudado mucho a mí y a mis clientes en el manejo de las emociones. Cuando te sientas abrumado por alguna emoción o mezcla de emociones y quieras manejarlas de una manera práctica y sencilla, detente y recuerda los colores del semáforo.

Al visualizar la imagen de cada color en tu mente, te invito a hacerte varias preguntas. Si te pasó, te dijeron o pensaste algo que, por ejemplo, te generó coraje, en lugar de alimentar esa emoción que no aporta a tu meta e invertir energía en cómo contestar o en qué harás después, decide aplicar la técnica.

LUZ ROJA: DETENTE / TOMA CONSCIENCIA - Comienza pensando en el color rojo. La luz roja en el semáforo significa «detente». Esta señal universal de alerta o peligro puede apoyarte a tener consciencia de la emoción que estás experimentando. Pregúntate qué estás sintiendo, qué te pasa y nombra la emoción. **El nombrar las emociones te ayuda a aclarar tu mente.**

LUZ AMARILLA: CONECTA / PROPÓSITO - Una vez has identificado y nombrado la emoción que sientes en ese momento, date el permiso de sentirla y aceptarla. Piensa en el color amarillo. Este color, para propósitos del semáforo, significa «precaución». **Ahora tienes la oportunidad de reflexionar antes de reaccionar**, ¿qué te molestó o entristeció?, ¿qué apretó tus botones o provocó que te sintieras así? Valida la emoción, esto es, aceptarla en lugar de rechazarla. Para validarla, puedes decirte: «Es normal que me sienta atemorizado, pues es la primera vez que intentaré tal y cual cosa» o «Es válido que sienta enojo pues me sacrifiqué para realizar esto y aquello y sin embargo...». Las cosas son lo que son y no necesariamente lo que tú esperas o deseas. Acepta la emoción y no te juzgues, ni atormentes, «lo que é, É», como dice mi amigo y mentor, Rafael Calbet, psicólogo, autor y «coach» español radicado en México.

De acuerdo con Susan Davis, psicóloga de la Escuela de Medicina de la Universidad de Harvard, la aceptación es crucial en cualquier proceso para trabajar lo que ella llama «la agilidad emocional». Según ella lo define, este concepto es: «La psicología de cómo podemos usar la emoción para traer lo mejor de nosotros en todos los aspectos de cómo amamos, vivimos, criamos y dirigimos».

Luego de validar y aceptar tu emoción, pregúntate qué quieres hacer diferente y para qué. Piensa en tu propósito. El conectar con ese «para qué» te dará la fuerza necesaria para querer moverte del color amarillo al verde.

LUZ VERDE: TRANSFORMA / MUÉVETE - En el color verde es cuando actúas para moverte. En términos del semáforo significa «iniciar la marcha». Y, ¿cómo te mueves?: **cambiando tu energía, sonriendo y agradeciendo.**

Puedes **cambiar tu energía** de las siguientes maneras:

1. Imagínate cómo te vas a sentir cuando logres tu cambio o lo que deseas. Utiliza tus cinco sentidos (¿qué ves, hueles, sientes, escuchas y a qué sabe?). Permanece en ese estado por unos minutos.
2. Piensa en los aspectos positivos, y no en las limitaciones.
3. **Enfócate en posibilidades**, y no en si es fácil o difícil.
4. Invierte tu energía en lo que tienes control, y no la gastes en lo que no. **Recuerda que solo tú tienes el control de lo que te pasa y lo que haces con lo que te pasa**, no de los demás ni de los entornos que te rodean.

El sonreír continuamente a pesar de las circunstancias, te hará sentir mejor, ya que, como explica en sus conferencias el Dr. Mario Alonso Puig, médico cirujano, autor y conferenciante internacional, **nuestro cuerpo necesita tener congruencia para trabajar efectivamente**. Cuando el cerebro recibe la señal de que estamos sonriendo, se activan los receptores en el cerebro que generan unas sustancias químicas en nuestro cuerpo alineadas con el sonreír, por lo que se van eliminando los receptores que no nos hacen sentir bien. Esto se logra con la práctica: sonríe frecuentemente. El **agradecer** genera hormonas y neurotransmisores como la serotonina, los cuales nos hacen sentir bien y nos ayudarán a movernos. A la serotonina se le conoce como la hormona de la felicidad. Por alguna razón será.

Como te comenté, al sentarme a redactar las primeras páginas de este libro, el miedo me paralizó. Lo siguiente fue lo que hice para aplicar la técnica del semáforo.

LUZ ROJA. Me detuve en seco y me pregunté: ***¿Qué estoy sintiendo?, ¿qué me pasa?*** Me sentía emocionada con mi nueva aventura, pero confundida y ansiosa. Pensaba que tal vez no iba a poder cumplir con mi deseo de redactar el libro en esos momentos, ya que estaba pasando por varias situaciones familiares: la salud de mi madre requería mucho de mi atención; quizás no tenía el tiempo disponible para enfocarme y comprometería el de mi familia con otro de mis inventos, en plena época prenavideña, junto a los retos diarios con dos niños pequeños: tareas de la escuela, proyectos especiales, terapias y deportes. Para completar el escenario, proyectos profesionales que estaban planificados y aguantados, se activaron y comenzaron a consumir mayor tiempo de mi parte, así que quizás la mejor opción era seguir posponiendo la redacción de mi libro.

Luego de determinar qué estaba sintiendo y qué me pasaba, debía **nombrar la emoción**. La emoción predominante era miedo: el miedo de no poder cumplir con todo lo anterior.

LUZ AMARILLA. Me pregunté: ***¿Qué aprieta mis botones?***[3], ***¿qué me activa la emoción predominante del miedo?*** Y me percaté de que tenía dos pensamientos que me aterraban: el primero fue, que mi esposo tuviera razón y no pudiese cumplir cabalmente con todos los compromisos personales y profesionales (él me apoya cien por ciento y sabía que me frustraría si no lograba mi cometido). El segundo era que me juzgaran de egoísta por sacrificar el tiempo de mi familia por un proyecto personal. Una creencia limitante y absurda, pues tenía el apoyo total de mi familia, pero lo pensaba de todos modos.

[3] Esta expresión se refiere a qué cosas hacen fuerza o presión en la persona y provocan una reacción de su parte. Es como si el cuerpo tuviese varios botones que la hacen sentir o actuar de cierta manera en particular al ser oprimidos por algo o alguien. Por ejemplo, como cuando algo le molesta y reacciona de una forma predeterminada–.

El siguiente paso que debía seguir era **validar la emoción**. Para trabajar estos dos miedos, me dije continuamente: *Laura, es normal que pienses que no puedas cumplir, pues realmente tienes muchas responsabilidades y te sigues comprometiendo más. También es muy válido que sientas que te pueden juzgar, ya que en esta cultura se piensa que la mujer debe sacrificarse por los suyos primero y está mal visto... Si pone límites y hace algo para ella, es catalogada como egoísta.*

Luego determiné **qué quería hacer diferente y para qué**. En ese momento deseaba abrazar el miedo mucho más rápido que en otras ocasiones y también con el propósito de ser ejemplo para otras personas que piensen que tienen muchos retos, responsabilidades, miedos y no pueden lograr lo que se proponen, aunque estén en pleno juicio y cuenten con las capacidades, recursos y la disposición para hacerlo.

Ya al haber tomado consciencia de la emoción (rojo) y reflexionado (amarillo), me tocaba actuar para moverme (verde).

LUZ VERDE. Ahora tenía que **cambiar la energía, sonreír y agradecer**. Para cambiar mi energía, en lugar de invertirla en lo que me causaba miedo, me visualizaba continuamente feliz y agradecida, haciendo la presentación de mi libro, justo antes de que mi niño menor comenzara el «kindergarten», me enfocaba en todo lo bueno que brindaría el libro y la cantidad de gente que se beneficiaría del material compartido. Como hace un tiempo conozco los beneficios del sonreír y el agradecimiento, practicaba ambos conceptos sin inconvenientes. Cuando el miedo trataba de invadirme, en lugar de negarlo, le decía: «Ven», sonreía y agradecía la oportunidad que me brindaba la Vida para compartir mi experiencia y conocimientos a través del libro, justo en este momento, en el momento perfecto.

Así como las luces del semáforo cambian continuamente, cuando te atormente algún miedo o pensamiento limitante, recuerda: esto también pasará. ¿Qué opinas al respecto?, ¿estás de acuerdo?

El motor del cambio

Las emociones son el motor que te moverá a navegar exitosamente hacia el cambio que deseas. Si las manejas adecuadamente, te podrán facilitar esta aventura. Todo depende de cómo tú las gestiones –ya que no las puedes controlar– y las interpretes. Si, por el contrario, ellas te manejan a ti, podrán hacerte la travesía hacia tu transformación más ardua y desafiante.

Las emociones no son buenas ni malas, todo depende de lo que haces con ellas y por cuánto tiempo. Por ejemplo, el enfado, que por lo general se considera negativo, nos da la energía para cambiar algo del entorno que no nos gusta, aprender a poner límites o a no tener expectativas de cosas que no podemos controlar.

La tristeza nos provee el espacio para reflexionar, recomponernos y seguir adelante. El miedo nos ayuda a identificar recursos: qué nos falta, qué pienso que no tengo, a quién puedo pedir ayuda. **Y esto también es importantísimo a la hora de comenzar cualquier proceso de cambio, saber pedir y aceptar ayuda.** Sin embargo, es un gran reto entre ejecutivos, líderes y personas con autoridad en nuestro país, ya que, el pedir o aceptar ayuda, lo perciben como un indicio de debilidad. Cuando me encuentro ante esta percepción, traigo como ejemplo un conversatorio en el que participaron varias personalidades reconocidas a nivel mundial, entre ellas, la ex primera dama de los EE. UU., Michelle Obama. Ella cerró la actividad con las siguientes palabras: **«Cada uno de nosotros está aquí porque alguien en algún momento de nuestras vidas nos ayudó y nosotros aceptamos su ayuda. Así que ayude y déjese ayudar».**

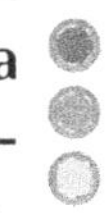

Regresando al miedo, contrario a lo que se nos enseña y promueve de ganarle, vencerle, o que seamos más fuertes que él, mi propuesta es la de Jim Selman: abrazarlo. El miedo nos trae un mensaje. Permitamos que se exprese. ¿A qué le tememos?, ¿en cuáles circunstancias? **En lugar de pelear con el miedo o evadirlo, invítalo a tu espacio y pregúntale qué te quiere decir.**

Cuando nos detenemos, nos hacemos preguntas y enfrentamos nuestras emociones, descubrimos mucho de nosotros que nos ayudará a seguir moviéndonos. Mi invitación para ti es a que manejes tu cambio **distinguiendo tus emociones, de manera consciente e intencionada.** Reconoce que están ahí y que está bien que lo estén, en lugar de querer ocultarlas, minimizarlas, negarlas o controlarlas. No oculté, ni negué mi miedo. Al seguir la técnica del semáforo, lo reconocí, lo validé y lo acepté.

Sabemos que, en el mundo actual, vivimos en un ajoro y estrés continuo, por lo que caemos presos de las emociones constantemente. Dentro de esta realidad, puedo imaginarte a ti con tus emociones que deben estar a flor de piel, como las tenía yo, sobre todo, si estás en un proceso de cambio. ¿Cómo podrás manejar el miedo que te dice que mejor te quedes como estás?, ¿que no lo intentes ahora?, ¿o mejor, que esperes? ¿Cómo manejar el enfado cada vez que intentas algo y no te sale?, ¿o la tristeza cuando imaginas lo que pudo ser y no es?

De esta parte, es importante que internalices tres puntos principales: **Primero**, que valides que tener una mezcla de emociones es natural. Es algo fisiológico reaccionar de cierta manera cuando te enfrentes a un cambio, te sientes amenazado ante una situación no agradable, estresante o que pienses que no puedes dominar. **Segundo**, que sepas reconocer cuál es tu respuesta automática y, **tercero**, que te manejes recordando aplicar la técnica del semáforo.

¿Cómo reaccionamos?

Si en algún momento alguien de la oficina sentía algún malestar estomacal, en lugar de acudir a la farmacia cercana, acudían al cubículo de Karen. Ella siempre tenía algún antiácido u otro remedio para manejar estos males, ya que los padecía constantemente. Ya fuera por el reflujo, el exceso de café, la pimienta u otro culpable en su dieta, siempre le achacaba su dolama a algo que sabía que no podía comer, pero aun así lo ingería. Algunos de sus compañeros de trabajo le decían que la causa de su malestar era emocional, sobre todo, si había experimentado algún mal rato en la oficina.

Cuando Karen comenzó en la empresa, solía ser «la peleona» del equipo de ventas. Era la vendedora número uno. Sus argumentos en las reuniones de «staff» eran válidos, sin embargo, la manera en que los expresaba hacía que sus compañeros le dieran de codo y que sus jefes la evitaran. Esto la enfurecía aún más: «¡¿Cómo es posible que no escucharan a la mejor vendedora del equipo!», me decía. Sin embargo, luego de varias sesiones luego del trabajo y alineada con el consejo de sus propios compañeros y de un jefe en particular que la apreciaba mucho, comenzó a quedarse callada en las reuniones. En lugar de hablar en tono demandante y fuerte y tener un comentario para toda situación, comenzó a permanecer en silencio. Ante los ojos de los demás, todo parecía estar funcionado, pues ya no escuchaban las interrogantes y opiniones de Karen. Para ella era insostenible el dolor de estómago y la sensación de ahogo que sentía en su garganta, cada vez que reprimía sus ganas de expresarse.

¿En alguna ocasión te ha pasado que sabes que no debiste haber dicho algo, pero no pudiste aguantarte?, ¿que querías y debías decir algo y no pudiste?, ¿o reconoces que no debiste comportarte de cierta manera, pero «él o ella te provocó»? Incluso piensas que quizás debiste haberte quedado callado, pero «el que calla otorga».

Muchas veces sabemos que nuestras reacciones a circunstancias externas e internas no son las mejores, pero no sabemos cómo manejarlas, no queremos hacerlo o no creemos que podemos y, simplemente, las justificamos.

«Suena tan bonito», «Se ven tan fácil, pero hay que estar ahí para que sepan lo que se siente», «Es que yo siempre he sido así», «No me puedo controlar, mi padre era igual», «Es bien difícil aguantarme», «Me da miedo solo de pensar en eso», «Es que tú no conoces a mi jefe». ¿Cómo te suenan estas aseveraciones?, ¿te identificas con alguna?

Esas son muchas de las respuestas que escucho cuando converso sobre el tema de las emociones. Quizás conoces la importancia de ellas o has experimentado lo mal que te hicieron lucir ante una situación en particular, si no supiste manejarlas. Tal vez reconoces que un buen manejo de ellas puede apoyarte a tener mejores relaciones tanto en tu trabajo como en tu hogar.

Por recomendación de una amiga y con el propósito de mejorar sus relaciones en su entorno de trabajo y evitar los malestares en su cuerpo, Karen decidió aprender a gestionar sus emociones. Luego de varias conversaciones de «coaching», de trabajar las emociones y su gran impacto en el cuerpo, Karen descubrió cómo expresarse adecuadamente. Decidía cuándo y cómo debía hacerlo y si debía permanecer en silencio en alguna situación en particular. Cuando hablaba, se daba el permiso para fluir, sin sentirse cohibida. Su estómago y su garganta ya no le molestaban. Su cuerpo, sus pensamientos y sus emociones estaban en armonía. Ahora sus compañeros solo la saludaban sin procurar remedios estomacales en su cubículo, pues ya no los tenía, no los necesitaba.

Vivir en equilibrio

De acuerdo con el neurocientífico norteamericano, Paul D. McLean, el cerebro humano consta de tres grandes partes principales o estructuras: la neocorteza (intelecto), el sistema límbico (emociones) y el sistema reptiliano (instinto). Según la Dra. Elsa Punset, experta en inteligencia emocional, estas tres deben estar en coherencia para vivir plenamente. Lamentablemente, debido a diversas razones como la educación (lo que nos enseñan), las experiencias (lo que nos ha funcionado), las creencias (lo que creemos que debe ser), las doctrinas (lo que nos enfatizan, por ejemplo: «Cuidado, no te dejes llevar por la emoción»...), en muchas ocasiones, le brindamos mayor atención a una estructura sobre las otras. Esto provoca que vivamos en desequilibrio.

Las 3 principales partes o estructuras son:

1. **Neocorteza** / intelecto / piensa - Esta estructura la tenemos primordialmente la especie humana y es a la que nos enseñan a darle mayor mérito incluso por el culto a lo intelectual y racional. Es cuando entendemos que debemos manejarlo todo con el intelecto, con la lógica, le buscamos las cinco patas al gato y queremos analizar las cosas solicitando explicaciones y evidencias. «Ver para creer». Ignoramos a la emoción y al instinto. Esto es muy común en el ambiente laboral cuando escuchamos: «Recuerda tomar la decisión con la razón y no con el corazón».
2. **Sistema límbico** / emociones / siente - Lo posee el cerebro de los mamíferos y, por ende, el de los humanos. Es el que maneja nuestras emociones. Tiene un rol vital para lograr muchas cosas en la vida, ya que las emociones son las que nos mueven, sin embargo, nos enseñan a esconderlas porque manifestarlas se considera una debilidad ante el intelecto. «Es malo ser vulnerable». En el lado opuesto, se le puede brindar importancia excesiva y crear consecuencias adversas para nuestra vida personal y profesional. Se ve manifestado cuando le damos importancia primordial a cómo nos sentimos y cómo se

sienten los demás, por encima de la evidencia o la documentación. Por ejemplo, cuando obviamos un procedimiento, un acuerdo o un requerimiento importante «... porque me dio pena con el cliente o empleado» o por el famoso «¡Ay, bendito!».

3. **Sistema reptiliano** / instinto / actúa - Esta parte del cerebro maneja los procesos automáticos: la respiración, la saliva, las reacciones inconscientes. Su función principal es mantenernos con vida, proveernos seguridad, sin embargo, si no lo manejamos adecuadamente, podría afectarnos adversamente en todos los ámbitos. Por ejemplo, cuando peleamos porque alguien nos tocó una pertenencia o invade nuestro espacio sin nuestra autorización, o nos ofendemos y nos defendemos con palabras o gestos soeces ante algún comentario que nos tomamos de manera personal. Reaccionamos de manera violenta, agresiva o abrupta, ya que esta parte del cerebro entiende que estamos siendo amenazados y debemos defendernos.

Si piensas en cómo te manejas diariamente, ¿desde cuál estructura cerebral operas la mayor parte del tiempo en tu trabajo?, ¿y en tu vida personal?

Operamos más con uno que con otro, según las circunstancias externas (lo que pasa en nuestro entorno) e internas (lo que interpretamos que pasa desde nuestro modelo de mundo). Lo ideal es que las tres partes trabajen en conjunto para que podamos ver muchas perspectivas o posibilidades, lograr mejores resultados y vivir en equilibrio.

Por ejemplo, al analizar alguna situación podrías preguntarte: *¿Qué pasó?, ¿cómo lo explico racionalmente?, ¿cómo me hizo sentir?, ¿qué puso en peligro?* Con estas interrogantes estás cubriendo todas las bases, podrás gestionar mejor tus emociones y, por ende, tus relaciones, sobre todo, contigo mismo.

Sugiero que, ante cualquier estímulo (lo que escuchas, lo que ves, lo que sientes), primero te detengas, tomes consciencia de cómo estás reaccionando para que puedas identificar si te estás acercando o alejando del cambio que buscas en todos los aspectos. Cómo reaccionas y cómo te manejas irán determinando cuánto te acercas a tu meta. Recuerda no juzgarte; simplemente, te observas y actúas.

Una vez practiques y apliques estos conceptos, aprenderás a **responder en lugar de reaccionar.** El **reaccionar** es un proceso automático basado, por lo general, en nuestros miedos e inseguridades, del cual muchas veces nos arrepentimos, ya que actuamos dejándonos llevar por la emoción, sin analizar las consecuencias de nuestros actos. Por otro lado, al **responder**, observas la situación y te enfocas en el presente, en el hecho, en lo que debes resolver, no en lo que sientes o en lo que te dijeron. Aunque sientas miedo o enfado, te detienes, respiras, analizas y decides de qué manera responderás ante el suceso o la persona. Por ejemplo, si llevas rato esperando en una fila, en el colmado o en un banco y alguien que acaba de llegar se te pasa al frente, o se te cuela, como diríamos en mi país, podrías sentir enojo. La reacción inmediata automática sería insultarle, gritarle o reclamarle. Sin embargo, si luego de molestarte (no hay nada malo con eso), respiras y calmadamente le dices que la fila comienza luego de ti, estarías respondiendo. Te reto a practicarlo la próxima vez que tu pareja, tu jefe(a), tu amigo(a), tu madre, tu hijo(a) o tu vecino(a) te hagan sentir incomodidad o molestia con alguna eventualidad o un comentario que no te agrade. ¿Reaccionarás o intentarás responder?

Un reto: Manejar nuestras emociones

¿Por qué se nos hace tan difícil manejar las emociones? Podrían existir muchas explicaciones para contestar esta pregunta. Según mi experiencia, tanto a nivel personal como profesional, con individuos sanos, sin condiciones patológicas, primordialmente se debe a tres razones principales: el no saber, el no querer y el no creer.

1. **SABER.** No sabemos cómo hacerlo diferente. Repetimos viejos patrones de comportamiento de manera inconsciente. No conocemos otra manera de manejarnos y no hemos buscado alternativas. Como ejemplo, te presento el caso de María. Ella era consciente de que la ansiedad no solo le estaba afectando su salud física, también sus relaciones interpersonales, pero no sabía ni buscaba cómo manejarla. Todo le causaba ansiedad y no sabía responder de otra manera.

2. **QUERER.** En ocasiones no queremos trabajar con nuestras emociones porque es doloroso, porque no queremos revivir experiencias desagradables de nuestra vida o porque pensamos que debemos permanecer fuertes 24/7. Además, porque percibimos la vulnerabilidad como una debilidad o porque a nivel consciente o inconsciente, recibimos algún beneficio al comportarnos guiados por alguna emoción catalogada como negativa. Este es el caso de las personas que suelen lucir enfadadas a menudo. Cuando les pregunto de diversas maneras qué beneficio obtienen al comportarse así, salen a relucir aspectos interesantes como el que, de esa manera, los demás aceptan lo que ellos digan y nadie les cuestiona *por no llevarle la contraria y se moleste* o «de esta forma no me hacen preguntas». También es el caso de las personas que se sienten muy tristes o enfermas y no desean cambiar su estado de ánimo, ya que así es que logran la atención de sus allegados: «Si me siento bien, se olvidan de mí». Esto no es tan sencillo. Es un proceso que les toma tiempo hasta descubrir la razón por la cual, a nivel subconsciente, permanecen con esas emociones que no desean.

3. **CREER**. Muchas veces creemos que no podemos comportarnos o gestionar nuestras emociones de manera diferente porque «Nadie en nuestra familia lo ha logrado», «Todos somos así» o «No me puedo visualizar en una situación diferente» porque «Yo soy así». «¿Cómo me voy a quedar callada?», me decía Lucía, cuando trabajamos la relación controversial y agotadora que tenía con su madre. «¡Yo nunca me puedo quedar callada! Siempre he sido así. Ella misma me enseñó», «Debo responderle, aunque se moleste». Meses luego de las sesiones, me comentó: «Estoy maravillada, qué liberador es quedarse callada, ya no me agobio por expresar mi punto de vista con mi madre, ahora simplemente la escucho y ya no tengo que discutir». Como decía Henry Ford: «Tanto si crees que puedes como si crees que no puedes, estás en lo cierto».

Ejercicio:
Identifica dónde te encuentras con tus emociones

1. ¿Sabes, quieres y crees que puedes manejar tus emociones?

2. ¿En qué piensas que podrías necesitar ayuda?, ¿en conocer más sobre cómo manejarlas, en el querer trabajar realmente con tus emociones o en creer que puedes hacerlo?

Ejercicio:
Aplica la técnica del semáforo

Piensa en alguna situación desafiante que estés pasando en este momento o hayas pasado recientemente, en la cual tus emociones se sobrecargaron.

¿Cómo puedes aplicar la técnica del semáforo ante esa situación?

ROJO = Detente / Toma consciencia

¿Qué estoy sintiendo? ______________________________

____

____

____

¿Qué me pasa? ______________________________

____

____

____

Nombra las emociones ______________________________

____

____

____

AMARILLO = Reflexiona / Conecta con un propósito

¿Qué aprieta mis botones? ______________________

____

____

____

Valida la emoción ______________________________

____

____

____

¿Qué quiero hacer diferente? ____________________

____

____

____

¿Para qué? ____________________________________

____

____

VERDE = Actúa / Muévete para transformarte

Cambia la energía (¿Qué harás?) _________________

____

____

Sonríe :-)

Agradece (agradezco por) _______________________

____

____

____

Reflexiona:

¿Cómo puede ayudarme este Tercer Punto Cardinal para manejar mi cambio cuando enfrente una avalancha de emociones que puedan intentar paralizarme o empujarme a actuar inadecuadamente?

____

____

____

____

____

____

____

____

____

____

____

____

____

____

____

Manejando las aguas

En esta tercera parte compartí contigo la técnica del semáforo. Esta te ayudará a navegar tanto en mares tranquilos como tormentosos. Además, te invité a comenzar a responder en lugar de reaccionar. ¡Ya con todo esto puedes activar tu cambio, moverte y manejarlo! El próximo y último punto cardinal es uno de los más importantes para que ese cambio perdure. ¿Cómo anclar tu cambio y mantener el rumbo?

Cuarto Punto Cardinal

Recuerda las 2C

Ancla tu cambio y mantén el curso

En las diversas etapas de mi vida que he realizado ejercicios, siempre los hacía en las tardes, ya que pensaba que «no era una persona mañanera»; según yo, «era nocturna». Debido a esta creencia, jamás había considerado levantarme más temprano de la hora habitual para hacer mi rutina. A pesar de que leía de expertos y escuchaba de mis amigas lo beneficioso que era comenzar el día ejercitándose, continuaba ajorada haciendo mi rutina en las tardes, cuando podía. Sin embargo, entre las responsabilidades diarias, los imprevistos y la crianza de dos niños, cada día se me hacía más y más complicado completarla.

Un buen día mientras conversaba con una amiga, ella me volvió a insistir en que hiciera los ejercicios al levantarme y utilizó mis propias palabras para preguntarme: «¿Cuándo vas a dejar esa creencia de que no puedes ser mañanera?». Esa pregunta fue un tremendo baño de agua fría para mí, pues me hizo tomar consciencia. Realmente estaba fomentando una creencia que me estaba limitando. Así que, luego de permanecer muda por unos segundos, le dije que la llamaría luego.

Me quedé en silencio y lo acepté. Ella tenía razón: todo el tiempo estaba alimentando la creencia de que no podía levantarme temprano a hacer ejercicios porque no era mañanera. ¿Quién decía que yo no era mañanera? Me detuve y comencé a pensar **para qué** ocasiones me levantaba temprano sin inconvenientes.

De inmediato me acordé de dos respuestas. Si voy a viajar en avión o a pasear en lancha, me encanta levantarme temprano sin importar a qué hora me haya acostado. Entonces, si podía levantarme temprano para esas dos actividades que eran de placer, ¿por qué no hacerlo para una que sería beneficiosa para mi salud y bienestar general? Y al día siguiente, casi dormida, comenzó la caminante nocturna a ser mañanera.

Cuarto Punto Cardinal: Recuerda las 2C de todo proceso de cambio

El reflexionar en el «para qué» me hizo tomar consciencia sobre cómo podía incorporar ese nuevo hábito. No fue el para qué quería hacer ejercicios, pues estaba clara de sus múltiples beneficios; ni el para qué en la mañana, ya que sabía que era más conveniente para mí. En esta ocasión utilicé mi «para qué» para sobrepasar las objeciones que eran alimentadas por mi creencia. No soy mañanera, pero para viajar sí lo soy. Entonces, ¿si lo hago para unas cosas, por qué no aplicarlo para otras? ¿Reconoces tú algunas circunstancias en las cuales te pones alguna excusa o te limitas para no ejecutar algo que sabes que es beneficioso para ti y, sin embargo, lo haces en otra área o para otra persona? ¿Sabes para qué quieres lograr lo que te propones?

Clara en mi **para qué** y en que **podía y quería**, ahora la pregunta era cómo lograrlo. Al apagar el despertador, en lugar de sabotearme buscando razones para no levantarme o pensar en lo cansada que estaba o en lo bien que me haría dormir un poco más, ponía mi atención en lo que me apoyara a lograr mi propósito de levantarme a caminar en las mañanas. Pensaba, por ejemplo: en lo bien que me sentiría el resto del día, ya que además de mover mi cuerpo, oxigenaría mis células y me sentiría contenta porque había logrado una de las metas diarias: ejercitarme.

Además de **enfocarme** en las razones para realizarlo, también pensaba en los **beneficios** que adquiría. El caminar en la mañana me daba la oportunidad de hacer muchas cosas. Algunos días escuchaba audiolibros, conferencias inspiradoras, otros, observaba la naturaleza y agradecía por la vida, el amanecer, el sol, los hermosos árboles y en otras, sencillamente caminaba y en eso me concentraba (a esto se le conoce como *mindfulness walking*, caminar con atención plena). Cuando me sentía con ganas de requedarme en la cama, me acordaba de lo bien que pasaba el día, tan llena de energía luego de la caminata mañanera, contrario a lo cansada y arrepentida que me sentía cuando no lo hacía.

Así que, para mantener este cambio y los muchos que hago constantemente, hago dos cosas: aclaro mi «para qué» y me enfoco en los beneficios de realizarlo. Esa ha sido mi experiencia y la que comparto con clientes interesados en conocer cómo lograr lo que saben que quieren y administrar mejor su tiempo. **Más allá de administrar el tiempo, me gusta decir que me concentro en administrar mi energía.** Si tengo energía puedo ser muy productiva y logro más cosas en menos tiempo. Si, por el contrario, no tengo energía, no importa que aplique las mejores técnicas de administración de tiempo, se me hace bien desafiante obtener los resultados que espero.

Administrar el tiempo o la energía

¿Cómo administro mi energía? Mientras trabajé en el Reino Mágico de Disney World, en Orlando, como parte del Disney College Program, tuve la oportunidad de conocer a muchas personas sumamente interesantes. Una de ellas fue Kevin, un supervisor de unos cuarenta y tantos años de edad, en estupenda condición física. Más allá de haber sido un excelente mentor en el área de ventas y servicio al cliente, Kevin era un ícono de la marca de la multinacional. Sin importar lo lleno que estuviese el parque, el calor extenuante, el frío, la cantidad de filas para ser atendidas o las largas horas de trabajo, siempre estaba sonriendo y se aseguraba de que la experiencia de todos en el parque fuera mágica. Eso lo hacen todos los «team members» de Disney. Sin embargo, lo que a mí siempre me llamó la atención de él fue que –contrario a otros gerentes que en sus días libres recuperaban horas de sueño, solo deseaban descansar, ver películas, compartir en familia o hacer barbacoas–, Kevin realizaba una multitud de actividades: iba al gimnasio, horneaba bizcochos, cantaba, jugaba baloncesto, bailaba, entre otros pasatiempos. ¿Cómo era posible que pudiese tener ánimo para realizar tantas cosas en el tiempo que los demás utilizaban para relajarse o descansar?, ¿cómo tenía energías para ir horas al gimnasio en los días libres? ¡Ya caminaba lo suficiente en el trabajo!

En una ocasión coordinamos para ir a desayunar y luego me llevaría, junto a otras compañeras de Puerto Rico, a conocer un poco más de la ciudad. Recuerdo que, luego de ordenar un mega desayuno, nos ofreció los «pancakes» y los panes de su plato. «Hoy no puedo consumir carbohidratos», nos dijo, «tengo un día muy ocupado y necesito estar alerta». Solo consumió los huevos, la tocineta y las salchichas. «¿Y qué tienen que ver los "pancakes" con estar alerta?», le pregunté. «El procesamiento de los carbohidratos me pone lento y perezoso. No es que no los consuma, pues adoro los bizcochos que preparo, pero sé cuándo debo y cuándo no. Me gusta hacer muchas cosas en mi día libre y me disfruto al máximo mi jornada de trabajo. Para estar en buena condición física y, sobre todo, en buena disposición y alerta, debo saber manejar mi energía controlando lo que consumo y muchas otras cosas». «¿Controlar la comida para manejar tu energía?», le pregunté intrigada. «Sí, la comida y otros hábitos diarios pueden ayudarnos a mantener un alto nivel de energía para que nos desempeñemos más eficientemente, tengamos más ánimo y logremos más». «¡Impresionante!, ¡cuéntanos más sobre eso!», le pedí con curiosidad. «¡Con razón es que tú realizas tantas cosas! ¿Qué otras cosas haces para eso?», pregunté. «Dentro de mi agenda siempre procuro incluir lo siguiente: ejercitarme, descansar, hacer lo que me gusta y compartir con gente que me quiera y me haga sentir bien». Como imaginas, le hice mil preguntas. Luego añadió, **«Esto no ocurrió de la noche a la mañana, tuve que hacer muchos cambios, crear unos hábitos y modos de pensar que me apoyaran con lo que quería lograr, repetirlos y repetirlos».**

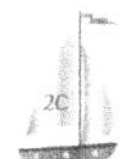

Si comienzas a realizar algo diferente a lo acostumbrado o adoptas un nuevo hábito o comportamiento, ¿por cuánto tiempo lo mantienes?, ¿por unos días, semanas, meses o quizás un par de horas? Por ejemplo, si ahora mismo declaras: «De ahora en adelante, voy a dedicar menos tiempo a las redes sociales o veré menos televisión», «Desde mañana, intentaré acostarme más temprano» o «A partir del lunes, reduciré mi consumo de cafeína», ¿puedes mantener tu promesa a largo plazo?

Algunas personas tienen la capacidad de adaptarse a los cambios rápidamente, crean sistemas, incorporan los hábitos que desean y desechan los que no, se organizan y ponen manos a la obra sin pestañear. Sin embargo, la mayoría de los mortales comenzamos muy entusiasmados, pero, al tiempo, perdemos la inspiración, el empuje o esas ganas de continuar con los nuevos patrones que declaramos. ¿Te pasa lo mismo?

Una vez hayas decidido realizar algún cambio, ya sea de tu manera de pensar o actuar, lo que realmente logrará tu transformación a largo plazo es mantenerlo. Y, ¿cómo hacer eso?, ¿cómo pudo Kevin mantener esos nuevos hábitos por muchos años hasta convertirlos en parte de su vida diaria?, ¿cómo puedes tú mantener ese cambio que activaste con tu llave y tu puente, aunque reconozcas que no es tan sencillo modificar lo que llevas años realizando de manera consciente e inconsciente? Para contestar esta interrogante te invito a navegar y mantener el rumbo de **las 2C** para lograrlo. ¿Cuáles son esas 2C?

El rumbo de las 2C

Una acertada frase del actor y director de cine estadounidense, Denzel Washington, con la cual comenzó un discurso motivacional sobre los siete consejos para tener una vida exitosa, las menciona: «Sin **compromiso** nunca se comienza, pero aun más importante sin **constancia**, nunca terminas».

Y esas son exactamente las 2C que a base de mi experiencia considero que son vitales para mantener todo proceso de cambio, el compromiso y la constancia; comenzar y terminar lo planificado. Espero que al terminar este libro te hayas inspirado a terminar lo que has empezado o a empezar lo que no has comenzado.

Luego de pasar varios años en el ejército, alejado de su familia y cumpliendo con lo que otros deseaban, Kevin se comprometió consigo mismo en disfrutar la vida con sus altas y bajas, haciendo lo que le gustaba con la gente que quería y donde deseaba. Sabía cuándo sí y cuándo no, rechazar un apetitoso «pancake» y un pedazo de pan acabado de hornear. Compromiso, fuerza de voluntad y disciplina tenía, por lo que solo necesitaba ser constante para lograr los resultados que anhelaba.

La definición de «constancia» en el *Diccionario de la lengua española* de la Real Academia Española (RAE), es: «firmeza y perseverancia en las resoluciones, en los propósitos o en las acciones». Por lo tanto, si queremos mantener un cambio, al comprometernos nos obligamos; y si queremos que dure, debemos ser constantes.

La primera C: compromiso

«El único sitio donde se obtienen resultados realmente extraordinarios en la vida es en el nivel de compromiso».

–Sergio Fernández, *autor español,* «coach» *de vida, director del Instituto de Pensamiento Positivo, España*

Según el *Diccionario de la lengua española*, de la RAE, un compromiso es una «obligación contraída». Por lo tanto, para lograr lo que desees en tu vida antes que todo, debes hacer un compromiso contigo mismo. Como he repetido en varias ocasiones a través del libro, en cualquier proceso de cambio debes estar dispuesto a hacer cosas diferentes y, sobre todo, debes querer hacerlo por ti (no porque otros lo quieran) para lograr resultados.

De acuerdo con un artículo de *Entrepreneur*, basado en el libro de Debbie Allen, *Success is Easy*, **la gente exitosa se enfrenta a los retos con seguridad y confianza en sus habilidades y su conocimiento**. Incluso cuando no tienen las habilidades correctas o el conocimiento necesario al inicio, saben avanzar con entusiasmo y se comprometen a pesar de los obstáculos. ¿Cuán comprometido estás tú contigo mismo? Ya leíste, **no necesitas tener los recursos aún en este primer paso, solo comprometerte y confiar en ti.**

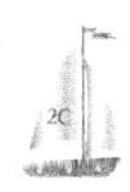

¿Cómo comprometerte?

Nos comprometemos cuando creemos y decidimos apoyar la causa (el propósito). Si alguna persona te pide que colabores con algún movimiento que nunca has escuchado y a la vez se te acerca otra y te solicita que apoyes una causa que llevas tiempo siguiendo en las redes sociales, aunque colabores con ambos, ¿con cuál te sentirás más alineado? Lo más probable es que te sientas más comprometido a colaborar con lo que crees y con lo que quieres fomentar. Así sucede cuando deseas comprometerte en mantener algún cambio o incorporar algún hábito o comportamiento nuevo. Necesitas creer que puedes y tomar la decisión de hacer algo al respecto.

¿Cómo puedes creer que puedes?

Muchas veces nos asustamos porque creemos que no tenemos todos los recursos que necesitamos, nos exigimos demasiado o porque vemos las cosas muy complejas. Recuerda que no buscamos la perfección, sino la excelencia; mientras la primera te limita, pues reconocemos que la perfección no existe, la segunda, te empodera pues sabemos que, si nos esforzamos y actuamos, podemos ser excelentes en lo que hacemos. La Dra. Brené Brown, autora estadounidense y profesora de investigación de la Escuela Graduada de Trabajo Social, de la Universidad de Houston, indica que la perfección tiene un motivador externo. La razón para hacer algo está basado en «lo que la gente piensa», y no en la persona como tal. Por el lado contrario, lo que impulsa a la excelencia es un enfoque interno: «Quiero hacer esto de esta manera porque sé que puedo hacerlo y lo haré de la mejor manera posible», «Ser lo mejor que puedo ser». Por eso propongo que si queremos lograr cambios duraderos, deben ser desde nuestro interior.

El reconocer este punto nos quita un gran peso de encima. Tendemos a buscar excusas, sabotearnos o justificarnos en lugar de detenernos, preguntarnos qué nos pasa, identificar lo que entendemos que necesitamos, queremos, o que obstaculiza lo que buscamos. Podríamos decirnos, por ejemplo: «Es que yo no sé de eso», «No conozco a nadie que me pueda ayudar», «Es que no tengo tiempo», «Es que este es no el momento correcto». Como dice el Dr. Mario Alonso Puig: «Debemos empezar a enfocarnos más en acción y resultados que en excusas, reemplazando el “es que” por el “hay que”».

¿Buscamos excusas? Sí, buscamos miles de excusas para seguir haciendo las cosas de la manera que siempre la hemos hecho en lugar de intentar cosas nuevas. Recuerda que para el cerebro es más fácil y requiere menos energía realizar las mismas tareas. Así que encuentra un aliado al continuar perpetuando viejas creencias... como me pasó con el ejercicio y mi creencia de no ser una persona mañanera.

Una de las maneras más conocidas para lograr un compromiso es escribirlo. Así lo valida el psicólogo, escritor estadounidense y profesor en la Universidad Estatal de Arizona, el Dr. Robert Cialdini: «El compromiso y la coherencia deben ser precedidas de una acción inicial de respuesta o promesa, y su poder [del compromiso] se incrementa bastante si el acuerdo se da por escrito». Así como cuando firmas cualquier acuerdo con nuevas pautas o parámetros específicos con una empresa, cliente, socio, médico o cualquier tercera persona, te invito a redactar un acuerdo de compromiso sobre los nuevos hábitos y comportamientos que incorporarás con la persona más importante de tu vida: tú.

Los hábitos

Los hábitos son definidos como «un modo especial de proceder o conducirse, adquirido por la repetición de actos iguales y semejantes u originado por tendencias intuitivas».

Un hábito que quizás podrías querer incorporar es comer más frutas y vegetales diariamente, en lugar de hacerlo solamente cuando te acuerdas o quieras perder unas libras. De igual manera, uno que quizás quisieras eliminar es consumir bebidas carbonatadas.

Marta Romo, pedagoga y autora del libro *Entrena tu cerebro*, explica: «Para el cerebro es agotador incorporar nuevos hábitos, lo sencillo es continuar con sus rutinas. Entrenar la voluntad es la solución. Difícil pero no imposible». Según Romo, el cerebro se puede entrenar.

¿Cómo puedes establecer un hábito?

En mi caso, deseaba asegurarme de contar con algún tipo de ensalada en todos mis platos. Así que, seguí el consejo de una amiga y comencé a añadir hojas de espinacas en todas mis comidas incluso los desayunos. Al principio me pareció extraño colocar verde en mi plato mañanero: una vez más, otra creencia. En Europa y Latinoamérica es muy común consumir vegetales en todas las comidas. No me agradaba mucho el sabor, sin embargo, enfocada en la razón por la cual lo hacía, encontraba la voluntad para hacerlo. Además, cada vez era menos la cantidad de espinaca que se me dañaba en la nevera. Ya no se me daña, ahora la consumo en su totalidad.

Como parte de ese compromiso, se requiere fuerza de voluntad que es la «facultad de decidir y ordenar la propia conducta». Una de las varias claves que comparte Romo para lograr tener fuerza de voluntad y cambiar la vida es cargar tus baterías de voluntad. **Se logra, según ella, tomando muy en serio la alimentación, el sueño, la actividad meditativa y no hacer nada.** De estas actividades, lo único que nunca me mencionó Kevin fue la meditación. En esos años no estaba de moda, así que quizás ahora sí la practica.

Modificando nuestra manera de pensar

En ocasiones, crear un nuevo hábito nos representa un gran reto. Implica no solo modificar nuestras acciones, sino también nuestro entorno, considerar a las personas que nos rodean, nuestras actitudes y nuestra manera de pensar. Podría parecer difícil, pero no es imposible. Cuando empecé a tomar consciencia de cómo todo lo anterior afectaba el mantener mis hábitos, comencé a implementar cambios de inmediato. Desde entonces, siempre estoy pendiente de cómo invierto mi energía, con qué personas, en qué lugares y por cuánto tiempo.

Para comenzar a modificar actitudes y maneras de pensar, te propongo realizar el próximo ejercicio. Busca lápiz o bolígrafo y una hoja de papel. Antes de empezar, te invito a detenerte y conectar contigo. Respira y utiliza tu puente, lo que te ayuda a conectar con tu interior, ¿era la playa?, ¿el campo? Visualízate en ese lugar antes de comenzar. ¿Listo? Comencemos.

Ejercicio - Creando nuevos pensamientos para actuar

Brújula I

Si ya tuvieras eso que quieres o fueras esa persona que deseas:

¿Qué harías todas las mañanas al levantarte?

____

____

____

____

¿Con qué personas compartirías?

____

____

____

____

¿Qué ropa te pondrías?

____

____

____

____

¿De qué hablarías?

¿Qué evitarías hacer?

¿En qué invertirías tu tiempo?

Brújula 2

Si pudieras comenzar a aplicar algo de inmediato:

¿Qué sería?

¿Qué podrías comenzar a hacer todos los días para acercarte a lo que deseas?

¿Qué podrías aplicar en las próximas horas?

Una vez hayas contestado todas las preguntas, toma un descanso. Revisa tus contestaciones y comienza a aplicarlas en tu vida diaria. Imagina que eso que deseas ser, ya lo eres; o eso que deseas tener, ya lo tienes. De esa manera, vas adaptando nuevos comportamientos, nuevas formas de pensar y logrando cambios. Cada vez que repitas estas nuevas acciones, se te hará más fácil llevarlas a cabo.

Engañando al cerebro

¿Cómo comenzar a engañarlo? Poco a poco. **Si nuestro cerebro detecta que tiene que gastar energía en exceso o requiere hacer mucho esfuerzo para adoptar un nuevo hábito, comienza a sabotearnos y nuestra motivación desvanece:** *¿Cómo es posible que coma toda esa ensalada o que corra por tanto tiempo?*

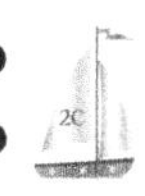

Sin embargo, podemos «engañar» a nuestro cerebro. La Dra. Punset recomienda que cuando vayamos a realizar algo nuevo, le digamos al cerebro: «Son solo cinco minutos». Por ejemplo, si vamos a caminar o a leer por veinte minutos, que comencemos diciendo que vamos a hacerlo solo por cinco minutos y poco a poco, vamos haciendo más, sin que parezca que vamos a hacer los veinte minutos desde un principio. Cada día puedes ir aumentando la frecuencia hasta que tu cerebro, debido a la repetición constante, adopte el nuevo hábito sin resistirse.

Otra estrategia es usar la técnica de los microhábitos. Esto es: ir incorporando esos nuevos hábitos a través de acciones que requieren de poco o un mínimo esfuerzo. Por ejemplo, si deseas comer más saludable, añade una hoja de lechuga a tu arroz o ensalada de coditos, en lugar de dejar de comer el arroz o la ensalada de inmediato.

Me resultó muy interesante una sugerencia que escuché de Julia Colón, fundadora de Juliastrong Cancer Awareness Foundation, durante un evento en apoyo a sobrevivientes de cáncer. Una persona preguntó cómo podía comer más saludable si siempre había comido mal y esta fue la respuesta que recibió: **«Para comenzar, en lugar de quitar, añade. En lugar de quitar lo que te gusta de tu plato, comienza a añadirle lo que debes comer»**. Este consejo me pareció fascinante, pues, por lo general, cuando queremos hacer cambios, tendemos a restar o eliminar. Es una acción que nos provoca sufrimiento, malestar, ya que el cerebro lo considera negativo, una pérdida de algo que solíamos hacer, cuando tenemos la opción de sumar.

Ejercicio de compromiso

Para comenzar a practicar la primera C, el compromiso, te presento un ejemplo de una carta de compromiso que puedes hacer para cualquier cambio que desees incorporar a tu vida. Además de colocar por escrito la meta, debes incluir detalles específicos como tu nombre, de dónde eres, la fecha, los hábitos que estarás incorporando, los que estarás eliminando y tu firma. Una vez completada, te exhorto a que la coloques en algún lugar visible para que la tengas accesible y recuerdes tu compromiso, así como recuerdas ver tu serie favorita en Neflix, merendar o participar del chat de WhatsApp.

Yo ____________________, vecino de ______________,
hoy ______________ de 20___, me comprometo a ______
____,

y para ese propósito, incorporo los siguientes hábitos:

____

____

____

y desecho los siguientes hábitos:

____

____

____

Efectivo el __________ de _____ .

Firma: ______________

La segunda C: constancia

Si queremos mantener un cambio, al comprometernos, nos obligamos; y si queremos que dure, debemos ser constantes.

¿Cómo tener constancia?

Así como para **comprometernos**, debemos querer hacerlo e identificarnos con una causa o un propósito, **para ser constantes**, debemos mantenernos enfocados en lo que queremos y ser disciplinados en repetir la acción una y otra vez.

La mayoría de nosotros, deseamos lograr muchas cosas. Pero pocos somos constantes al momento de ponernos en acción para obtenerlas. La intención, el deseo, la inspiración son importantísimos, **pero si no perseveramos en nuestro**

objetivo y no ejecutamos ciertas acciones de manera continua, lo más probable es que no obtengamos lo que buscamos o, si lo conseguimos, nos dure muy poco.

Cuando me visualizaba escribiendo mi libro, siempre me imaginaba de vacaciones en algún lugar hermoso, en contacto con la naturaleza, lejos del bullicio, cerca del mar o en una montaña lejana. Pensaba que solo dedicaría mi tiempo a escribir, respirar, comer, descansar y volver a escribir. Jamás pensé que lo haría tarde en la noche o temprano en la madrugada para aprovechar cualquier momento libre de interrupciones mientras atendía un hogar, dos niños, un esposo y a mi mamá entre reuniones, citas médicas, deportes, compras navideñas y tareas escolares.

Además de tener muy claro el compromiso que tenía conmigo misma para terminar el libro este año, necesité navegar por el rumbo de la otra C, **la constancia**, que como te conté, es: «firmeza y perseverancia en las resoluciones, en los propósitos o en las acciones».

¿Qué debía hacer para mantener mi enfoque?, ¿qué debía evitar?, ¿qué microhábitos podía incorporar y cuáles debía eliminar?, ¿qué pasaría si mantenía mi disciplina y si no la mantenía? Estas fueron muchas de las interrogantes que, al contestarlas, me apoyaron en el proceso. La historia hubiese sido muy diferente si no hubiese estado totalmente clara en lo que quería, en mi «para qué», en los beneficios y muy enfocada, confiada, decidida. Y, además, si no hubiese aplicado algunos principios básicos de disciplina.

«La práctica genera la excelencia». Y así es. Escuchamos sobre el gran esfuerzo continuo que hacen los atletas para ganar las competencias o vencer sus propios récords: a qué hora se levantan diariamente, cuántas horas le dedican al deporte, cuál es su rutina de ejercicios, cómo se alimentan, qué hacen y qué evitan hacer, entre otras decisiones.

Hemos visto en diversos reportajes lo mucho que practican y cómo se entrenan física y emocionalmente para su próximo evento deportivo. ¿Te acuerdas de algún caso en particular? Para lograr esa constancia en su rutina diaria, necesitan practicar dos de sus aspectos importantes a los que les llamo los dos pilares: la disciplina y el enfoque.

La disciplina es un conjunto de normas que rigen una actividad, una manera ordenada de actuar para lograr un propósito en particular. El enfoque es el dirigir la atención a un asunto en particular.

Cuando posees disciplina, conoces y sigues los comportamientos o acciones que debes llevar a cabo para lograr algo. Por ejemplo, si llegas a la iglesia o a un lugar sagrado, sabes que debes bajar el tono de voz o guardar silencio. Cuando participas de un curso, reconoces que debes llegar a tiempo, escuchar al presentador y seguir las instrucciones impartidas. Si deseas bajar de peso, debes tener disciplina para evitar comer lo que no debes y a la vez realizar algún tipo de ejercicio que te ayude a quemar la grasa que no deseas.

¿Cómo puedes lograr esa disciplina? Estando enfocado en tu objetivo. Cuando diriges toda tu atención y energía a eso que deseas lograr e ignoras las excusas, las justificaciones, los no puedo, estás en el camino que te llevará a obtener la constancia.

¿Cuándo fue la última vez que te mantuviste haciendo algo nuevo por más tiempo?, ¿cómo lo lograste?, ¿qué necesitaste para mantenerte enfocado y evitar regresar al anterior hábito o comportamiento? Según el escritor y «coach», Raimon Samso, las claves de su éxito son la disciplina y la coherencia: «Al sumar algo todos los días, "el éxito es garantizado"». Cuando repites algo continuamente, se crean nuevas conexiones neurológicas y de esa manera se estimula el aprendizaje. Por eso, es importante repetir nuevos patrones de comportamiento de manera continua, para que adoptes los nuevos y deseches los que no deseas. Una vez comencé a caminar por la mañana y lo repetí por varias semanas, mi cuerpo adoptó este horario y ya no lo sentía tan fuerte como al inicio. Al contrario, comencé a disfrutar del silencio, de la oscuridad y de las bajas temperaturas de la madrugada.

«Definitivamente todo está en los hábitos, en las formas diferentes de pensar y actuar y en la disciplina», me comentó en una ocasión mi amiga, la empresaria, diseñadora y fabricante de joyas puertorriqueña, Miralba Colón, en uno de nuestros interesantes intercambios de experiencias, conocimientos y anécdotas.

Según ella, los empresarios exitosos pueden quizás no haber tenido índices académicos altos, pero de seguro son personas disciplinadas, que siguen una estructura, planifican sus días con anticipación, aprenden de todo y tienen un «drive», una personalidad para seguir luchando por lo que quieren, por sus proyectos. «Muchos expertos indican que algún día la disciplina superará a la inteligencia. Estoy convencida de que vamos por ese camino», me comentó.

Cuando comencé una dieta naturista para desintoxicar mi cuerpo y crear las condiciones para quedar embarazada, jamás pensé que requería tanto compromiso y constancia de mi parte para lograr el resultado. Según yo, comía bastante saludable. Incluso, años más tarde me enteré de que en el aeropuerto me describían como «la que come pasto». Sin embargo, estaba lejos de la realidad, porque no comía tan saludable como creía. Mi esposo me acompañó en el proceso y **escogimos eliminar las distracciones, lo que nos alejaba de nuestra meta si queríamos resultados.** Fue la época en que más tuvimos que rechazar invitaciones de amistades y familiares a cenar, ya que nos provocaban muchas tentaciones.

No obstante, nuestro propósito estaba claro. Queríamos ser padres. Acudimos al Dr. Rubén Marchand, un naturópata con mucha experiencia y muy reconocido, para que nos apoyara en el proceso. Así que, luego de comprometernos a seguir sus indicaciones, el reto mayor era cómo mantener ese compromiso. La constancia era vital para lograr las condiciones de salud que se ameritaban. ¿Cómo logramos tener y mantener constancia? Lo logramos enfocándonos en nuestra meta, recompensándonos cuando la cumplíamos, apoyándonos, identificando recursos que nos ayudaban y eliminando los obstáculos. Por ejemplo, nos aseguramos de crear los menús de la semana con anticipación, hacíamos una lista de los alimentos y comprábamos únicamente lo que estaba en ella. Teníamos disponibles meriendas saludables para cuando nos atacara el hambre. Recuerdo que una vecina muy querida me comentó que quería seguir nuestra dieta, ya que veía todo el peso que habíamos bajado y lo bien que lucíamos, pero no podía porque ella reconocía que no tenía ese nivel de disciplina.

Meses después, no solo logramos tener nuestro bebé, sino que, al comparar las fotos con nuestro álbum de bodas, nos veíamos mejor en esa época que seis años antes cuando nos casamos. De modo que, nuestro nivel de compromiso y constancia, fueron piezas claves para que lográramos nuestro anhelo.

Las 2C no tienes que usarlas solamente para lograr un cambio. Puedes aplicarlas también si quieres terminar un proyecto específico.

En el proyecto de mi libro, mi nivel de **compromiso** me ayudó a determinar cómo mantenerme enfocada (pensando en el «para qué» y los beneficios), a evitar las distracciones (redes sociales en exceso), a identificar mis recursos (bachillerato en Comunicaciones, mi familia, mis amigas, mis clientes que me animan, mi mentora) y a reconocer mis fortalezas (me apasiona escribir), los obstáculos (establecer prioridades claras ante los muchos compromisos) y mis creencias limitantes (no tengo tiempo/saqué el tiempo). En fin, me ayudó a ser consciente de cómo mis comportamientos y formas de pensar me alejaban o me acercaban a mi meta. El ejercer **constancia me mantuvo haciendo** lo que tenía que hacer disciplinadamente (escribir todos los días un poco), y a evitar todo aquello que no aportara a mi meta elegida en ese momento (hacer nuevos compromisos).

Contestar las preguntas del ejercicio que te presento a continuación, me apoyó inmensamente de la misma manera que ha ayudado a muchas personas en estos procesos. Y ¿tú?, ¿qué necesitas para también lograr y mantener ese cambio que deseas? Aquí tienes tu mapa de navegación. Sigue el rumbo de las 2C para que te acompañen en tu travesía hasta lograrlo. ¡Voy a ti!

Ejercicio: Recuerda las 2C

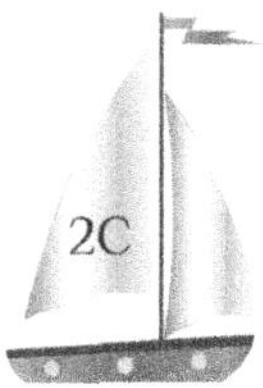

Al contestar estas preguntas, podrás ir encontrando respuestas para trabajar con las 2C. Lee todas las preguntas, selecciona las tres que más resuenen contigo y contéstalas en el espacio provisto **Navega hacia adentro.**

Compromiso

1. ¿Cómo puedo mantenerme comprometido con mi meta?
2. ¿Qué debo evitar para cumplir con mi compromiso?
3. ¿Con qué recursos cuento?
4. ¿Qué recursos o apoyo necesito?
5. ¿Qué haré para trabajar los obstáculos que enfrentaré?
6. ¿Qué comportamiento o forma de pensar me acerca a mi meta?
7. ¿Qué comportamiento o forma de pensar me aleja de mi meta?

Navega hacia adentro

Constancia

Dos pilares cruciales para la constancia son la disciplina y el enfoque. Lee todas las preguntas, selecciona las tres que más resuenen contigo y contéstalas en el espacio Navega hacia adentro.

1. ¿Qué puedo hacer para mantener mi disciplina?
2. ¿Qué debo hacer y qué debo evitar?
3. ¿Qué nuevos microhábitos puedo incorporar?
4. ¿Qué hábitos debo desechar?
5. ¿Cómo me mantendré enfocado?
6. ¿Qué pasará si mantengo mi enfoque?
7. ¿Qué pasará si no mantengo mi enfoque?

Navega hacia adentro

Ya sabes cómo agarrar el timón y mantenerte navegando hacia tu propósito, al cambio o a la transformación que buscas. Sigue y recuerda el rumbo de las 2C, el compromiso y la constancia, para que todo ese navegar continúe viento en popa.

Zarpa hacia nuevos rumbos

Luego de varios años coqueteando con la idea, en medio de muchos cambios a nivel personal y profesional y, sobre todo, en el tiempo trazado, cumplí con uno de mis sueños, lo logré: ¡Terminé mi libro!

Como conté, fue un reto mayor de lo que yo esperaba, pero ¡me lancé y continué! Y ¡eso es lo que importa! Si sigues esperando por el momento perfecto, porque estén todas las condiciones que deseas para comenzar lo que anhelas, por tener todos los recursos que entiendes que necesitas, seguirá pasando el tiempo y llegará el momento en que te preguntarás «¿Por qué no lo hice antes?», como nos pasa con muchas cosas. Excusas y justificaciones encontrarás de sobra.

¿Y cómo lo logré? Precisamente, utilicé muchas de las herramientas que te presenté en este libro. Aquí tienes el método que te apoyará a que tú logres el tuyo, como muchos otros han logrado también diversos proyectos de vida y de negocio.

No necesariamente debes querer un cambio radical en tu vida para obtener los beneficios que brinda el Método ISAR®. Quizás solo quieras trabajar con tus emociones (Tercer Punto Cardinal) o desarrollar una mejor disciplina (Cuarto Punto Cardinal). Para muchos clientes y para mí, este último punto es vital para lograr lo que nos proponemos.

Decidir izar tus velas para navegar lejos de lo que ya conoces puede ser un momento desafiante, complicado, largo y extenuante. Tal vez podría ser solitario y tenebroso, particularmente, si no cuentas con las herramientas apropiadas para mantenerte navegando.

Como todo en la vida, habrá momentos de aguas muy calmadas y otros, con mares muy bravos. Sin embargo, ya conoces el Método ISAR®, el cual si decides aplicarlo, te ayudará a activarte, moverte, manejarte y a mantenerte en tu travesía hacía ese cambio que tanto anhelas. Y sí, a pesar **de las circunstancias, pues sabes que no tienes el control de lo que ocurre a tu alrededor, pero sí de cómo navegas a través de las condiciones cambiantes.**

Así que puedes hacer como las cuatro amigas del ritual de *El bolígrafo del lamento* y permanecer lamentándote semana tras semana de lo que pasó, de lo que dejaste de hacer, y de lo que no tienes o puedes decidir hacer un cambio y aplicar el Método ISAR®. Ya tienes la llave, el puente, el timón para salir del piloto automático, el semáforo para manejar tus emociones y conoces el rumbo de las 2C para mantener tu travesía. Lo próximo que necesitas está en ti: tomar una decisión. ¿Estás dispuesto a izar tus velas y soltar amarras para aventurarte a transformar tu vida?

Te incluyo **Tu mapa del tesoro interno.** Úsalo como tu punto de partida.

¡Atrévete a cortar las aguas!

Empieza por aquí: Tu mapa del tesoro interno

¿Dónde me encuentro en relación con el cambio?

Ahora que ya leíste todo el libro, sería ideal que descubras dónde te encuentras en relación con el cambio. ¿Deseas que algo cambie en tu vida? ¿Sabes lo que quieres? ¿Sabes cómo hacerlo? ¿Posees inspiración para hacer el cambio? Para comenzar a apoyarte en este proceso, este ejercicio te ayudará a determinar dónde te encuentras. Dependiendo de lo que respondas en cada una de las preguntas de las columnas podrás identificar en cuál de las filas te encuentras. Escribe la letra (x) que significa «sí» y el símbolo de interrogación (?), «no» o «no sé».

Cuando localices la fila alineada a tus respuestas, en la quinta columna, encontrarás un símbolo que representa tu situación actual relacionada con el cambio como, por ejemplo: sol, vela, bitácora, nube, compás, puerto y marejada. Al finalizar la tabla, está la descripción de cada uno de los símbolos. Dependiendo del símbolo que elijas, en su descripción, te sugiero que repases nuevamente alguno de los **Cuatro Puntos Cardinales** del Método ISAR® en particular, una vez hayas leído el método completo.

EJEMPLO: Si al preguntarte si quieres un cambio, tu respuesta es «sí» (x), si sabes lo quieres es «sí» (x), si sabes cómo obtenerlo es «no» (?) y si posees inspiración para moverte «sí» (x), la fila que identifica tus respuestas es la fila 3. Según la columna 5, la fila 3 lo representa la bitácora. De acuerdo con la descripción de la bitácora, te sugiero que una vez hayas leído los **Cuatro Puntos Cardinales** del Método ISAR®, repases nuevamente el **Segundo Punto Cardinal** para apoyarte aún más en tu proceso personal.

¿Listo (a)?

¿Dónde me encuentro yo?

¿Quiero un cambio?	¿Sé lo que quiero?	¿Sé cómo obtenerlo?	¿Poseo inspiración para moverme?

Leyenda:
x = sí
? = no sé, quizás, tal vez

Busca aquí el símbolo que corresponde a lo que contestaste arriba.

¿Quiero un cambio?	¿Sé lo que quiero?	¿Sé cómo obtenerlo?	¿Poseo inspiración para moverme?	Representa
x	x	x	x	sol
x	x	x	?	vela
x	x	?	x	bitácora
x	x	?	?	nube
x	?	?	x	compás
x	?	?	?	puerto
?	?	?	?	marejada

Busca aquí tu símbolo y lo que significa.

Símbolo	Significado
sol	¡Felicitaciones! Eres de esa pequeña minoría de individuos que está clara de lo que desea y de cómo obtenerlo, solo necesitas tomar acción y si ya lo estás haciendo sería solamente mantenerte en ruta. Sería ideal que repasaras los Cuatro Puntos Cardinales del Método ISAR®, el cual definitivamente te validará muchas cosas. Te sugiero que aproveches y prestes especial atención al **Cuarto Punto Cardinal**, ya que te apoyará enormemente a mantenerte enfocado en tu meta. Este punto cardinal se enfoca en hábitos y disciplina.
vela	¡Qué bueno que sabes lo que quieres y cómo obtenerlo! Si lo único que entiendes que necesitas es inspiración o deseos de moverte, te invito a reflexionar sobre tu propósito y las emociones que sentirás cuando lo logres. La emoción junto a tu propósito es la clave que te ayudará a moverte. Para manejar las emociones, una vez hayas repasado los **Cuatro Puntos Cardinales del Método ISAR®**, te invito a leer detenidamente el **Tercer Punto Cardinal**, el cual te ayudará a manejarlas efectivamente. Este punto cardinal se enfoca en inteligencia emocional.
bitácora	¡Súper! Ya sabes lo que quieres y posees la inspiración para moverte. Solo te faltaría encontrar o crear una estrategia. Existen muchísimas estrategias probadas para lograr resultados, sin embargo, cada persona es un mundo y sabemos que lo que le funciona a un individuo no necesariamente le funcione a otro. Te invito a estudiar en detalle el **Segundo Punto Cardinal del Método ISAR®**, una vez hayas leído el método en su totalidad. Al salir del piloto automático, conectar contigo y comenzar a hacer las cosas diferentes, encontrarás nuevos paradigmas que te brindarán otras maneras de ver el mundo y podrás hallar o desarrollar tus propias estrategias para moverte. El **Segundo Punto Cardinal** se enfoca en retar nuestras creencias (lo que damos como cierto).

Símbolo	Significado
nube	¡Qué bien! Sabes lo que quieres. Solo necesitas conocer cómo obtenerlo y ¿activar/encontrar/...? la inspiración para moverte hacia ello. Al salir del piloto automático y conectar con tus emociones, poco a poco tu mente va aclarando ideas y encontrando respuestas. Para apoyarte con esto, te invito a releer en detenimiento el **Segundo y Tercer Punto Cardinal** del Método ISAR® una vez hayas repasado el método completo. El **Segundo Punto Cardinal** te ayuda a detenerte, a cambiar tu percepción, ya que reta la manera en que ves las cosas actualmente (las creencias) por lo que puedes crear o adaptar estrategias para saber el cómo. El **Tercer Punto Cardinal** te apoya a manejar las emociones, las cuales son la clave para moverte. Este punto cardinal maneja inteligencia emocional.
compás	¡Muy bien! ¡Quieres un cambio y tienes la inspiración! Ahora bien, no sabes lo qué quieres y por ello no puedes determinar cómo obtenerlo. Esta situación es mucho más común de lo que imaginas. En esta sociedad, con tantas distracciones y alternativas, somos muy conscientes de que no queremos permanecer en el mismo estado, pero al poseer tantas opciones como nunca, nos bloqueamos y no sabemos ni cómo comenzar. Lo importante es que estás claro de que quieres moverte. Para apoyarte a ir aclarando tu situación, te invito a que cuando termines de conocer el Método ISAR®, repases en detalle el **Primer Punto Cardinal.** En este punto presento herramientas que te ayudarán a conocerte mejor, a identificar tus fortalezas y conectar con posibilidades. Una vez lo hayas trabajado, puedes continuar con el **Segundo Punto Cardinal** para explorar nuevas maneras de ver las cosas, las cuales pueden ayudarte a adaptar o crear tus propias estrategias y así ir moviéndote hacia donde deseas.

Símbolo	Significado
puerto	¡Bien, quieres un cambio! El querer es lo primordial para comenzar. Nada se logra ni se materializa realmente si la persona no toma la decisión de querer hacerlo. Te sorprenderá saber que existe mucha gente como tú. Solo saben que no quieren permanecer en donde están, pero no hacia dónde se dirigen y esto mismo quizás no les inspire a moverse. En cambio, tú has tomado la decisión de buscar apoyo y leer este libro. ¡Te felicito por ello! Te invito a leer detenidamente los **Cuatro Puntos Cardinales** del Método ISAR®. Contesta todas las preguntas, toma tu tiempo sin juzgarte, fluye en el proceso y te aseguro que al conectar contigo y seguir el método, encontrarás herramientas para descubrir, lo que quieres, cómo obtenerlo y la inspiración necesaria para moverte. ¡Yo voy a ti! ¿Y tú, vas a ti?
marejada	Gracias por leer este espacio, aunque no sepas qué cambiar, cómo hacerlo o, simplemente, no desees hacer un cambio. Quizás conoces a alguien que sí desea hacer un cambio y puedas apoyarlo en ese proceso. Sabes, aunque no desees cambiar, o aún no sepas si deseas hacerlo, nada ocurre por casualidad y por alguna razón llegaste aquí. Te invito a conocer sobre el Método ISAR®, el cual desarrollé para manejar todo tipo de cambio o transformación, sin embargo, puede apoyarte en muchas otras áreas como lo es la inteligencia emocional, en la cual se basa el **Tercer Punto Cardinal.** También te servirá de apoyo los hábitos y disciplina, que es el **Cuarto Punto Cardinal.** Adelante, te exhorto a explorar esta información, quizás descubras muchas cosas sobre ti.

Método ISAR®: Mapa de navegación

I

Identifica tu llave y tu puente
(Toma de consciencia)
¿Qué te abre posibilidades?
¿Qué te conecta contigo?

R

Recuerda las 2C de todo proceso de cambio
(Disciplina y hábitos)
¿Cómo puedes mantener tu **compromiso**?
¿Qué necesitas para ejercer **constancia**?

S

Sal del piloto automático
(Nueva mirada, retar creencias)
¿Qué puedes comenzar a hacer diferente?
¿Cómo puedes empezar?

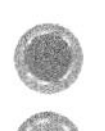

Aplica la técnica del semáforo
(Manejo de emociones)
Detente
Conecta
Transforma

A

Boyas adicionales para mantenerte a flote

Además del Método ISAR® explicado a lo largo de este libro, te incluyo dos herramientas adicionales con el propósito de apoyarte a lograr ese cambio o transformación que tanto deseas.

Boya #1
Tiempo para mí

El compromiso conmigo

A. Comprométete a hacer algo que te gusta una vez a la semana y cumple contigo (¿ir a la playa, ir al cine, cenar, compartir con amigos, hacer nada?). ¿Qué haré para mí una vez a la semana?

La recompensa

Cada semana o mes, depende de lo que logres y tú determines, recompénsate con algo que te gusta. Déjale saber a tu cuerpo y a tu cerebro, que lo lograron y por eso hay que celebrarlo. Ten en cuenta que la recompensa no esté en contra de lo que quieres lograr, pues le darás un mensaje contradictorio a tu cuerpo y a tu cerebro y el efecto ya no será tan positivo. Por ejemplo, tu meta es bajar unas libras y al lograrlo, en lugar de recompensarte y celebrar compartiendo con una amiga, sentándote a ver tu serie favorita o saboreando una galleta que te encanta, decides acabarte la caja de galletas.

1. Cada vez que logre ______________________________

   ____

   ________________________, ¿cómo me recompensaré?

   ____

   ____

   ____.

Sigue

B. No te juzgues y continúa. Si no te sale lo que deseas, sigue intentándolo. El semáforo está verde. ¡Voy a ti!

Boya #2
La fórmula del estrés
(basado en el Método ISAR®)

Todo este proceso de activar, mover, manejar y mantener tu cambio te podría causar un poco de estrés, así que, a manera de bono, comparto contigo la fórmula para manejarlo, basado precisamente en el Método ISAR®.

En lugar de darle poder al estado de alerta que es el estrés, te invito a usar las letras de la misma palabra «estrés» para brindarle un significado a cada una. Luego detente y reflexiona sobre las preguntas en cada una de las áreas.

La fórmula del estrés (basada en la Metodología ISAR®)

	¿Qué hacer?	Pregúntate	Ejemplo	Ahora tú
E	**Escucha tu cuerpo, conócete, siente, conecta**	• ¿Qué me está diciendo mi cuerpo? • ¿Qué necesita? • ¿Cómo me siento?	• Está extenuado • Descanso • Sobrecargado (a)	• • •
S	**Sal del piloto automático, de las expectativas y cambia tus percepciones**	• ¿Qué realizo de manera inconsciente que me provoca estrés? • ¿Qué expectativas me causan tensión y qué puedo hacer? • ¿Cómo puedo ver este acontecimiento que me da estrés de una manera positiva o diferente a la que suelo verlo?	• Decir que sí a todo el mundo • Que todo salga bien. • Nada. • Las cosas pueden salir diferentes a lo que espero y pueden ser mejor.	• • •
T	**Tira tus creencias limitantes**	• ¿Qué creencias te provocan estrés? • ¿Por cuáles creencias empoderantes podrías sustituirlas? • ¿Cómo te sentirás cuando liberes tus creencias limitantes?	• Debo siempre dar el 200%. • Buscaré la excelencia no la perfección. • Liviano(a).	• • •

R	**Repasa tus metas, propósitos, «para qué»**	• ¿Para qué hago lo que hago? • ¿Qué puedo hacer para manejar mejor el estrés y lograr mis metas? • ¿Qué necesito dejar de hacer?	• Ser feliz y servir a mi familia. • Sacar tiempo para mí y organizarme. • Pensar en los demás antes que en mí.	• • •
E	**Empodérate con autocuido, palabras, ejercicios, tiempo personal, mini «breaks», relajación, alimentación sana**	• ¿Qué hábitos saludables comenzaré a incorporar para manejar mi estrés? • ¿Qué me diré para autoinspirarme? • ¿Cuántas veces a la semana realizaré alguna actividad para relajarme?	• Dejar de pensar en lo peor, caminar, tomar más agua. • Relájate, siempre haces lo mejor que puedes. • Al menos dos veces a la semana.	• • •
S	**Sonríe y agradece**	• ¿Para qué quiero sonreír? • ¿Qué beneficios me brinda el agradecer? • ¿Qué ritual de agradecimiento incorporaré en mi rutina diaria?	• Para confirmar que estoy feliz. • Reconozco que tengo bendiciones. • Al levantarme, pensaré en tres cosas por las cuales dar gracias.	• • •

¿Qué te parece esta manera de apreciar ahora la palabra «estrés»?

Sobre la autora

Laura E. Teruel-Acosta, ACC, CBLC, MBA, CHRP

Laura Teruel está certificada como «coach» de vida y de negocios (CBLC) y es «coach» asociada certificada (ACC) de la International Coaching Federation (ICF). Miembro activo del Comité de Acción Comunitaria, capítulo de Puerto Rico que provee apoyo a las comunidades. Experta en el tema de destrezas de servicio al cliente. Creó la empresa de Mindbridge Keys, de «coaching» y consultoría con la misión de apoyar a profesionales y ejecutivos a maximizar su potencial, transformar sus interacciones en el ambiente laboral y lograr así satisfacción, productividad y éxito. Durante mucho tiempo vivió ajorada corriendo en piloto automático. Como nos comparte en el libro, comprendió la importancia de salir de él para poder lograr cambios duraderos en su vida personal y profesional. Actualmente se dedica a apoyar a profesionales y padres ocupados que desean cambiar su situación, ya sea salir del piloto automático, dedicarse más tiempo o mejorar sus relaciones en su trabajo, con su familia o con ellos mismos y así lograr armonía, éxito, salud y bienestar.

En sus más de 15 años de experiencia en el mundo corporativo, ha trabajado en varias multinacionales tales como United Health Care, MGM Studios at Disney World, American Airlines, American General Finances, Hertz-Rent-A-Car, en diversos puestos gerenciales y con múltiples públicos internos y externos. Posee una maestría en Administración de Empresas de la Universidad Interamericana, un bachillerato en Comunicación Pública con concentración en Periodismo y Relaciones Públicas, de la Universidad de Puerto Rico, una certificación en Gerencia de Recursos Humanos, de la Universidad del Turabo y estudios en Programación Neurolingüística, además de llevar una práctica activa en Mindfulness. Recientemente terminó una certificación en Primeros Auxilios Emocionales.

Basado en sus conocimientos y experiencias personales y profesionales, desarrolló su propio método de transformación personal, el Método ISAR®, el cual explica en este libro. Este método, cuyo propósito primordial es ofrecer herramientas para manejar los cambios, provee una guía práctica y sencilla para desconectarse del piloto automático y conectar con lo que realmente se busca obtener.

Bajo su lema, "Detente, Conecta, Transforma" ofrece charlas, talleres, sesiones de «coaching» grupal e individual con el propósito de contribuir al desarrollo del talento humano.

Como parte de su labor social, además de apoyar a diversas organizaciones sin fines de lucro, es cofundadora del proyecto Pausa Consciente, el cual entre otras actividades, ofrece un espacio abierto a la comunidad todos los segundos domingo del mes para la práctica de la meditación «mindfulness», con la finalidad de que las personas puedan hacer una pausa en su quehacer cotidiano y lograr una mejor gestión de sus emociones y un manejo efectivo del estrés.

Referencias

Allen, Debbie. (4 diciembre 2019). Los 7 hábitos y fortalezas que tiene la gente exitosa. *Entrepreneur.* https://www.entrepreneur.com/article/343370

Boeree, George. (31 octubre 2018). La relación entre neurotransmisores y emociones. *Psicología Online.* https://www.psicologia-online.com/la-relacion-entre-neurotransmisores-y-emociones-593.html

Calbet, Rafael (2018). *Maestros o aprendices.* México: Granica.

Cannon, Walter (1932). *Wisdom of the Body.* Estados Unidos de América: W.W. Norton & Company.

Diccionario de la Real Academia Española (2020). http://www.rae.es

Dilts, Robert, DeLozier, Judith & Bacon Dilts, Deborah (2010). *PNL II Programación Neurolinguística La siguiente generación.* Barcelona: El grano de mostaza.

El cerebro trabaja siempre y procesa al día 60,000 pensamientos. (18 agosto 2015). *La Región.*https://www.laregion.es/articulo/salud/cerebro-trabaja-siempre-y-procesa-dia-60-000-pensamientos/20150818140247562514.html

Fernández, Sergio. (2015). *Vivir con abundancia.* Barcelona: Plataforma.

Fox, Emmet. (1984). *Make your Life Worthwhile.* San Francisco: Harper & Row.

Goleman, Daniel. (2000) – *La Inteligencia Emocional.* Buenos Aires: Zeta

Hay, Louise (1984). *Usted puede sanar su vida.* Estados Unidos de América: Hay House, Inc.

Juan, Imma. *¿Por qué la gratitud nos hace más felices según la neurociencia?* https://intimind.es/por-que-gratitud-nos-hace-felices-segun-neurociencia/

La fuerza de voluntad también se entrena (y te cambia la vida). (2 de febrero de 2015). *ABC Familia Sana.* https://www.abc.es/familia-vida-sana/20150202/abci-cerebro-entrena-voluntad-201501301157.html

Lozano, Sergio. (6 marzo 2019). Nadear, no hagas nada por un rato, tu cerebro te lo va a agradecer. *La Vanguardia.* https://www.clarin.com/buena-vida/hagas-rato-cerebro-va- agradecer_0_A8dp7Af4G.html

MacLean, Paul D. (1990) *The Triune Brain in Evolution: Role in Paleocerebral Functions.* Springer Science & Business Media. https://www.psicologia-online.com/la-teoria-del-cerebro-triuno-de-maclean-4194.html

O'hare, Ryan. (8 Diciembre de 2016). Why multitasking is BAD for your brain: Neuroscientist warns it wrecks productivity and causes mistakes. *Dailymail.* https://www.dailymail.co.uk/sciencetech/article-4014320/Why-multitasking-BAD-brain-Neuroscientist-warns-wrecks-productivity-causes-mistakes.html

Patel, Deep. (31 marzo 2017). 10 maneras poderosas para tener disciplina. *Serial Entrepreneur.* https://www.entrepreneur.com/article/292228

Publicación Médica de Psiquiatría y Salud Mental (24 octubre 2017). Recuperado de https://www.redaccionmedica.com/secciones/psiquiatria/una-red-cerebral-enciende-el-piloto-automatico-para-las-tareas-rutinarias-4731

Punset, Elsa. (2018). *El libro de las pequeñas revoluciones.* España: Destino.

Rivera, Sol. (3 septiembre 2019). ¿Cómo puedo ser constante para no abandonar mi objetivo? *Presscoaching.* https://presscoaching.com/como-puedo-ser-constante-para-no-abandonar-mi-objetivo/

Ruiz Miranda, Melvin. (2013). ¿Cuánto tiempo se requiere para lograr un cambio? Revista *El Ancla.* http://www.podium-nlp.com/revistaelectronica/enero2013_cambios01.htm

Ruiz Miranda, Melvin. (2019). La Realidad. Revista *El Ancla.* http://www.podium-nlp.com/

Samsó, Raimón. (27 abril 2014). Ser agradecidos nos hace más felices. *El País.* https://elpais.com/elpais/2014/04/25/eps/1398421625_433152.html

Sánchez, Cristina. (16 diciembre 2016). Por qué no debe hacer multitasking según la neurociencia. *Revista Forbes.* https://forbes.es/life/10016/por-que-no-debe-hacer-imultitaskingi-segun-la-neurociencia/

Smart, Andrew J. (2016). *El arte y la ciencia de no hacer nada.* Santiago: Tajamar Editores

Vídeos

Anuor Aguilar. (19 febrero 2019). Denzel Washington|Speech Motivacional|7 Consejos para ser exitoso y feliz | Discurso. [Archivo de video]. https://www.youtube.com/watch?v=hE_OoUCrQ3o

Motivando (5Maratón Coaching). (13 diciembre 2017). Mario Alonso Puig. You build yourself or destroy yourself. [Archivo de video]. https://www.youtube.com/watch?v=MtLdwDtNkhw

Susan David (TEDWomen 2017). (noviembre 2017). El don y el poder del coraje emocional. [Archivo de video]. https://www.ted.com/talks/susan_david_the_gift_and_power_of_emotional_courage?language=es#t-77439

Testimonios:

«Gracias a Laura Teruel entendí y pude ser consciente de las emociones; aprendí a manejarlas y a convivir con ellas. Ahora tengo claro que si quiero cambiar mi entorno, primero tengo que cambiar yo. Recomiendo este proceso a todas las personas que desean conocerse más para ser conscientes de sí mismas. Hoy disfruto todo lo que hago en mi vida y asumo todos los retos que me propongo y los que la vida me trae».

–Sonia M. Carrasquillo, decana de Administración,
Universidad Interamericana de P.R., Recinto Metropolitano

«La ayuda que Laura provee es información muy útil para calmar y mejorar nuestro pensar. En especial, el utilizar el "semáforo" para el manejo de las emociones. Gracias por ayudarnos en nuestro proyecto #hablemosdeloquenosehabla».

–Angeleen Rivera Borrero, Fabiola León Perez
y Keylianise Espinosa Sotomayor
Girl Scouts, Tropa 225

«A Laura le estoy agradecida por su apoyo a las "doulas". Gracias por embarcarnos en una experiencia práctica de aprendizaje y enseñarnos las destrezas que toda doula debe dominar para modelarle a sus clientas el empoderamiento en el parto. Aprendí a retomar mi confianza, manejar mejor mi tiempo y mi agenda. Estar organizada ha significado un trampolín de crecimiento profesional y personal, productivo y efectivo».

–Eugenia M. Rodríguez Soto, educadora en Parto
y Lactancia, manejadora de casos y «doula» certificada

«La *coach* Laura Teruel se ha destacado por ser una profesional que encuentra nuevas alternativas a las situaciones que la vida presenta. Mucha de la información y estrategias que comparte en sus talleres y charlas la ha podido comprobar ella misma».

–Dr. Emir S. Rivera Castillo, psicólogo clínico
UPR-RUM

«Como persona emprendedora, tenía muchas ideas y metas las cuales siempre permanecían conceptuales. Laura me ayudó a descubrir que nuestras limitaciones son obstáculos inconscientes, me proveyó herramientas con las cuales pude tomar decisiones y lograr mis sueños. Hoy continúo implementándolas en mi diario vivir y puedo ver con claridad cuáles son los pasos que debo tomar para lograr lo que deseo».

–Charlotte Cintrón, AIT y emprendedora

«Conocer a Laura Teruel y recibir su ayuda para mi situación emocional me ayudo muchísimo. En mi experiencia de *coaching* con ella pude escuchar mi propia voz interior y mis propias respuestas a cada pregunta de la vida. He aprendido a sanar y he vuelto a florecer en mi seguridad, amor y perdón y en la confianza de que después de cada caída, puedo levantarme con más fuerza si creo en mí».

–Margarita Navarro, empresaria,
Professional Maintenance Services

«Me encanta conversar contigo, descubro qué me detiene y siempre salgo con entusiasmo a lograr mis metas. ¡Gracias por tu guía! Me abres espacios de luz y me ayudas a cambiar paradigmas en mi caminar».

–Mayra Vélez, consultora y organizadora de espacios

«Un día te levantas y te dices: "Hasta aquí. Tengo que tomar acción". Así fue cómo decidí explorar e iniciar un proceso de *coaching*. Sabía que necesitaba un cambio y tenía que tomar decisiones. Necesitaba un guía que me ayudara en el proceso. Con Laura como *coach* fue una experiencia de autodescubrimiento y crecimiento. Pude detenerme a observar, sentir y pensar. Esto me permitió conectar conmigo, con mi propósito y mi misión. El resultado de ello fue el nacimiento de Esencia, un espacio para apoyar a la mujer en su desarrollo personal. Estoy agradecida por la dedicación y el tiempo compartido con mi *coach* Laura. Su calidad de profesional y ser humano marcaron una diferencia en el proceso, ya que el acompañamiento fue genuino».

–Yazmín Rodríguez, fundadora de Atrevir

«En esta nueva faceta como diseñadora, fabricante y comerciante en la industria de joyería fui apoyada por Laura Teruel. Con su profesionalismo, conocimiento y dedicación fuimos abriendo un camino de posibilidades hacia la meta que me había trazado y que muchos creían imposible. Las limitaciones están en la mente: todo es posible».

–Miralba Colón-Jorge, orfebre y diseñadora de joyas

«Laura tiene una habilidad muy especial para resolver situaciones complejas con un toque humano. Es esa persona a la que llamo cuando necesito mantenerme neutral en una situación. Me alegra saber que ahora muchas personas tendrán accesible muchas de sus herramientas de superación personal».

–Melba Peña, presidenta
Sunbeads, Inc.

«Los regalos que Laura me otorgó, perspectiva y permiso, no solo me empoderaron a buscar y encontrar respuestas para las preguntas más fuertes en mi vida, sino que me guiaron de una manera efectiva y positiva a seguir adelante. Gracias, Laura. Me enseñaste la importancia de dar voz a nuestras inseguridades y miedos».

–Mariane Rowland, LTC, U.S. Army (Retired)

«Laura es una excelente profesional, líder y motivadora por excelencia. Con la educación, la capacidad, la experiencia y el deseo, para poder desarrollarte, sacar de ti lo mejor y llevarte a un próximo nivel».

–Noel Maldonado, Accountant, Certified Financial Advisor
MBA, CPFC

«Nuestro equipo tuvo tremenda experiencia con Laura durante su conferencia. Su dominio de los temas que presentó era evidente. Fue muy dinámica y tanto las asistentes como los doctores salimos muy entusiasmados y con ganas de aprender más sobre lo presentado. El lunes entrante se pudieron aplicar muchos de los conceptos aprendidos y fueron una herramienta importante para el desarrollo de nuestra oficina. ¡Gracias Laura por compartir tu sabiduría con nuestro equipo!».

–Grupo Quiropráctico de Guaynabo

Made in the USA
Middletown, DE
07 January 2022

58023895R00093